# WELTGESCHICHTE

La Nueva y Grande Relumbrante

# ANTORCHA DE LA MAR,

QUE CONTIENE

La description de las costas Maritimas Meredionales de la *Mar* del *Nord*, de la Mancha, Inglaterra, Escocia Irlanda, Costas de Francia de Espana, Maroco, Gualera, Genchoa, y Gambia, con las Islas adjacentes, y aquellas de *Assores* de Canaria, y del Cabo-Verde.

COMO TAMBIEN.

La description de todos los puertos Bajas, Radas, Baxios, Profonduras, distancias, Boquerones, o aberturas de tierras en sus verdaderas alturas Polares, ultimamente Recogida por la experiencia de muchos entendidos Marineros, y Pilotos afficionados de la Navigation.

POR

Nicolas Jansz. Voogt Geometra, y maestre de Matematica.

EN AMSTERDAM,

En Casa de Iohannes van Keulen Mercader de Libros astronomicos, y de Cartas de Marear en el Cabo del Puente nuebo en la Insignia del Piloto Coronado. Anno de 1700

DUMONT

# WELTGESCHICHTE

## Ein Schnellkurs

**Florian Neumann,**

geboren 1963, studierte Geschichte, Italianistik und Philosophie. Promotion in Wissenschaftsgeschichte. Nach langjähriger Lehrtätigkeit an der Ludwig-Maximilians-Universität München leitet er heute ein Unternehmen für Dienstleitungen rund um das Thema Geschichte. Er ist Autor und Übersetzer zahlreicher Publikationen zu Geschichte und Literatur. Weitere Informationen unter www.historische-projekte.de.

Umschlagvorderseite:
Der *Erdapfel des Martin Behaim* ist die älteste erhaltene Darstellung der Erde als Kugel, 1492–1493, Höhe: 133 cm, Durchmesser: 51 cm, Germanisches Nationalmuseum Nürnberg

Umschlagrückseite von oben nach unten:
Der ägyptische Schöpfergott Chnum erschafft die Menschen
Hycinthe Rigaud, *Ludwig XIV.,* 1701
Kinder in einer Dortmunder Grundschule (laif/A. Hub)

Frontispiz:
*Nieuwe Lichtende Zee-Fackel:* Titelblatt des Seeatlasses, 1681 begründet, Ausgabe von 1700 hier abgebildet

*Bibliografische Information der Deutschen Bibliothek:*
Die Deutsche Nationalbibliothek verzeichnet diese Publikation in Die Deutsche Nationalbibliografie; detaillierte bibliografische Angaben sind im Internet über http://dnb.ddb.de abrufbar.

Originalausgabe


Lektorat: Kirsten Rachowiak, München
Layout und Satz: Annika Herrmann, Köln
Druck und buchbinderische Verarbeitung: Rasch, Bramsche
Printed in Germany
ISBN 978-3-8321-9128-3

Vorwort 7

**Weltgeschichte: Fakten, Mythen und Visionen**
Deutungen der Weltgeschichte 8
Das Alter der Welt 13

**Vor der Schwelle zur Geschichte**
Geschichte und Vorgeschichte 18
Die Geschichte der Menschheit 20
Klimawandel und Siedlungsräume 26
Frühe Formen von Kultur 27
Jäger, Sammler, erste Siedler 30

**Frühe Zivilisationen**
Der lange Weg zur Hochkultur 32
Mesopotamien 33
Ägypten 38
Indien 44
China 48
Mittelamerika 51

**Der Orient und das Mittelmeer**
Kriegshandwerk und Handelsmächte 52
Kreta und Mykene 54
Die Phönizier 59
Der Vordere Orient und Israel 62
Die Assyrer 65
Das Persische Reich 67

**Die Welt der Griechen und der Römer**
Die Griechen 70
Die Ursprünge der Politik 71
Griechische Kultur 76
Die Zeit des Hellenismus 77
Die Anfänge Roms 80
Der Senat und das Volk von Rom 82
Die Zeit der Bürgerkriege 84
Römische Kultur 86
Die Kaiserzeit 88

**Die Grundlegung Europas**

| | |
|---|---|
| Die Völkerwanderung | 90 |
| Die Christianisierung Europas | 93 |
| Die Franken und ihr Reich | 96 |
| Der Papst, der Kaiser und die Fürsten | 99 |
| Europäische Mächte | 103 |
| »Mittelalter« und Renaissance | 107 |

**Die Vielfalt der Kulturen**

| | |
|---|---|
| Mohammed, der Islam und die arabische Welt | 110 |
| Byzanz | 114 |
| Afrika | 117 |
| Indien | 120 |
| China | 123 |
| Mittelamerika | 126 |

**Neue Horizonte, neue Perspektiven**

| | |
|---|---|
| Eine neue Welt | 130 |
| Glaubensfragen | 133 |
| Die Verteilung der Macht | 137 |
| Der Glaube an die Vernunft | 140 |
| Amerika und der amerikanische Befreiungskrieg | 143 |

**Ansätze zur Neuordnung der Welt**

| | |
|---|---|
| Eine Revolution mit großer Wirkung: 1789 | 146 |
| Die industrielle Revolution und die soziale Frage | 153 |
| Kolonialismus und Imperialismus | 156 |
| Auf dem Weg zur Großmacht: Die USA | 161 |

**Die große Beschleunigung**

| | |
|---|---|
| Erfindungen und ihre Folgen | 164 |
| Der Erste Weltkrieg | 167 |
| Politische Extreme | 171 |
| Weimarer Republik und Zweiter Weltkrieg | 172 |
| Der Kalte Krieg und die weitere Entwicklung | 177 |
| Freiheit für die Kolonien | 180 |
| Neue Herausforderungen für die Menschheit | 182 |

**Anhang**

| | |
|---|---|
| Literatur | 184 |
| Register | 186 |
| Bildnachweis | 191 |

Wo kommen wir her? Wo gehen wir hin? Was bestimmt den Lauf der Welt? Grundlegende Fragen wie diese beschäftigen die Menschen seit Urzeiten. Viele Historiker haben versucht, mit umfangreichen Werken Antworten auf sie zu geben. Doch für die Lektüre dieser großen Werke zur Weltgeschichte, von denen einige im Literaturverzeichnis dieses Buchs aufgeführt sind, braucht man einen langen Atem, und manche Leserinnen und Leser sind vielleicht im Zweifel, ob sie ihn aufbringen werden. Für sie ist dieses Buch gedacht. Die vorliegende »Weltgeschichte im Taschenformat« kann und soll die großen Werke nicht ersetzen, doch sie macht vielleicht Lust auf mehr und bahnt bestenfalls den Weg zu weiterführenden Büchern, wie ich es selbst beim Schreiben erlebt habe. Wer einmal in die Geschichte der verschiedenen Kulturen der Welt eingetaucht ist, wird sich ihrer Faszination kaum entziehen können. Und wer die größeren historischen Zusammenhänge in den Blick nimmt, wird erkennen, dass die heutigen Krisen in Politik, Wirtschaft und Umwelt keineswegs neu sind und die Menschen immer schon Wege gefunden haben, sie zu bewältigen.

Unsere Welt und ihre Geschichte ist vielfältig, genauso vielfältig wie die Menschen, die auf ihr leben und die ihre eigene Geschichte in sich tragen und von ihr berichten. Aus meinen Begegnungen mit Menschen von allen Kontinenten und aus den unterschiedlichsten Kulturen bin ich mir bewusst, dass ich einen »westlichen« und »europäischen« Blick auf die Weltgeschichte habe. Ich weiß, dass ein Chinese oder ein Bewohner Feuerlands eine andere Weltgeschichte schreiben würde. Und selbstverständlich ist auch die Datierung »nach Christi Geburt« nur eine von vielen Datierungsvarianten, die auf der Welt in Gebrauch sind. Menschen jüdischen, muslimischen oder buddhistischen Glaubens zählen und werten den Verlauf der Dinge anders. Mit ihrer Bereitschaft, mir in persönlichen Gesprächen ihre Weltsicht zu erläutern, haben sie meinen Horizont erweitert und es mir ermöglicht, dieses Buch zu schreiben. Wem sollte es also gewidmet sein, wenn nicht ihnen?

Florian Neumann

## Deutungen der Weltgeschichte

Die Geschichte der Welt und der Wesen, die sie bevölkern, fasziniert die Menschen seit Jahrtausenden. Immer wieder haben sie sich das Weltgeschehen vergegenwärtigt, um es zu verstehen und auch, um etwas über die Stellung der Menschheit im Kosmos und über ihre eigene Existenz zu erfahren.

Erkenntnisse darüber versprachen bereits die Erzählungen über den Ursprung der Welt, die die Bilder geprägt haben, die sich die Menschen an unterschiedlichen Orten und zu verschiedenen Zeiten von der Erde machten. In allen bekannten Kulturen geht das Entstehen von Himmel und Erde, von Flora und Fauna sowie des Menschen auf das Wirken von elementaren Kräften und übernatürlichen Wesenheiten, von Göttern und Geistern, zurück. So unterschiedlich die Schöpfungsberichte der verschiedenen Kulturen sind, weisen sie doch zahlreiche Parallelen auf. Auch die Weltsicht, die die Menschen aufgrund dieser Berichte entwickelten, ähneln einander. Ein Blick auf zwei der frühesten Schöpfungsmythen – aus Ägypten und Mesopotamien – macht dies deutlich.

Die ältesten Darstellungen von den Ursprüngen des Kosmos sind rund 5000 Jahre alt und stammen aus Ägypten. Am Anfang, so lehrten die ägyptischen Priester, gab es einen Chaosozean, aus dem ein Schöpfergott emporgestiegen ist, dem das Chaos nichts anhaben konnte. Damals gab es weder Himmel noch Erde, weder Pflanzen noch Tiere. Der Schöpfergott brachte aus sich selbst die Götter für Luft und Feuchtigkeit hervor, die wiederum Himmel und Erde geschaffen haben. Himmel und Erde brachten dann die unterschiedlichsten göttlichen Wesen hervor, die die Welt in all ihren Facetten ausgestalteten und für den jeweiligen Bereich der Natur zuständig waren. Einer dieser Götter hat schließlich aus Lehm auch die Menschen geformt.

Aufgabe der Menschen in diesem Kosmos war es, zusammen mit den verschiedenen Gottheiten für den

Der ägyptische Schöpfergott Chnum erschafft die Menschen auf einer Töpferscheibe. Wandmalerei im Chnum-Tempel auf der Insel Elefantine, Ägypten

Erhalt der Ordnung zu sorgen, die der Schöpfergott entworfen hatte. Diese Ordnung war gegen die Angriffe der Chaosmächte zu verteidigen, die die Welt umgaben und überall ihr Unwesen trieben. Nur im ständigen Einsatz für die göttliche Ordnung konnten die Menschen ein glückliches Leben führen und sicher sein, nach dem Tod in ein Reich aufgenommen zu werden, in dem die Chaosmächte keinen Einfluss mehr hatten.

In Mesopotamien, in der Umgebung der beiden Flüsse Euphrat und Tigris, im heutigen Irak, glaubten die Menschen um 3000 v. Chr. ebenfalls, dass die Welt auf einen Schöpfergott zurückging. Am Anfang, so ihre Vorstellung, gab es einen grenzenlosen Salzozean, in dem Himmel und Erde enthalten waren. Ein Schöpfergott, der selbst aus dem Ozean hervorging, hat Himmel und Erde voneinander getrennt. Die Welt, die so entstand, wurde von einer Vielzahl von Göttinnen und Göttern regiert, die Kinder des Schöpfergottes waren.

Der babylonische Gott Marduk erschlägt das Seeungeheuer Tiamat (Chaos) und formt aus seinem Körper die Welt.

Sie standen für die unterschiedlichsten Aspekte der Natur und waren für alle Naturerscheinungen verantwortlich. Diese Gottheiten wachten über ein Gefüge von Vorschriften und Gesetzen, die die Menschen einhalten mussten. Jede Missachtung dieser göttlichen Verfügungen hatte für die Menschen schwere Folgen: Böse Geister brachten ihnen dann Krankheiten und persönliches Unglück. Die Menschen waren Diener der Götter und konnten sich nur dadurch ein glückliches Leben auch nach dem Tod sichern, indem sie sich dem Willen der Gottheiten strikt unterordneten.

Das Weltbild, das sich für die Menschen in Ägypten und Mesopotamien aus diesen Schöpfungsgeschichten ergab, war in sich stimmig. Jedes Naturereignis und jede Erscheinung in der Welt, alles was überhaupt geschah – kurz: der Lauf der Weltgeschichte –, konnte auf das Wirken von Gottheiten oder den Einfluss von Chaosmächten oder bösen Geistern zurückgeführt werden. Die Menschen mussten zwischen diesen guten und bösen Mächten Position beziehen und konnten so den Verlauf ihres eigenen Lebens beeinflussen. Zudem konnten sie durch ihr Verhalten zugleich die Entwicklung der menschlichen Gemeinschaft und der Gesellschaft, in der sie lebten, bestimmen.

Wie in Ägypten und Mesopotamien war auch für die Menschen in anderen Gesellschaften mit anderen Gottheiten und Geistern die Geschichte der Welt ohne einen religiösen Rahmen nicht vorstellbar. Die Prinzipien, die das Geschehen auf Erden bestimmten, waren für sie von der Gottheit oder den Göttern ihrer jeweiligen Religion vorgegeben. Sie spannten den Rahmen auf, in dem die Menschen handeln konnten und aufgrund dessen die Entwicklungsgeschichte des Kosmos für die Gläubigen erst verständlich und sinnvoll wurde.

Für die überwiegende Zahl der Menschen gilt dies noch heute. Das »naturwissenschaftliche« Weltbild, in dem alle Vorgänge in der Welt ohne Rückbezug auf das Wirken eines göttlichen Wesens erklärt werden, hat sich erst in den letzten beiden Jahrhunderten ausgebildet. Und selbst diese »wissenschaftliche« Weltsicht schließt einen Gott nicht grundsätzlich aus. Das Wirken einer Gottheit wird von den Wissenschaftlern bei der Erklärung von Naturerscheinungen lediglich deshalb nicht in Betracht gezogen, weil sie die Vorgänge in der Natur allein mit ihren Methoden des Messens und Berechnens auf allgemeine Gesetzmäßigkeiten zurückführen wollen.

Die Entwicklung des »naturwissenschaftlichen« Weltbildes vollzog sich im Rahmen der jüdisch-christlichen Kultur, die die westliche Welt bis heute prägt. Grundlage des jüdisch-christlichen Weltverständnisses ist die Schöpfungsgeschichte, wie sie in der Genesis, dem ersten Buch der Bibel, dargelegt wird. Demnach hat Gott die Welt in fünf Tagen geschaffen. Am sechsten Tag hat er nach den Lebewesen zuletzt auch den Menschen »nach seinem Ebenbild« geformt. Der Mensch erschien dementsprechend als Schluss- und Höhepunkt der gesamten Schöpfung. Alles war nach jüdisch-christlichem Verständnis letztlich für ihn geschaffen. Schließlich hatte Gott dem biblischen Bericht zufolge dem Menschen sogar den Auftrag erteilt, sich die Erde mit all ihren Pflanzen und Lebewesen untertan zu machen. Und die Bibel, die als Text verstanden wurde, der von Gott den Menschen offenbart worden war, besaß für Juden und Christen absolute Gültigkeit.

Diese Weltsicht hatte über fast zwei Jahrtausende Bestand. Das biblische Weltbild wurde in dieser Zeit vielfach ergänzt. Die christlichen Gelehrten, die sich mit der Geschichte der Welt befassten, widmeten sich selbstverständlich ebenso den Naturerscheinungen. Auf diesem Gebiet galt der griechische Philosoph Aristoteles (384–324 v. Chr.) als Autorität, denn er hatte sich in zahlreichen Büchern mit der Welt, der Flora und Fauna auseinandergesetzt. Auch was die Gestalt der Erde und des Kosmos betraf, galt seine Meinung als maßgeblich. Selbst wenn verschiedene Griechen bereits vermutet hatten, dass sich die Erde um die Sonne bewegt, war Aristoteles der festen Überzeugung, dass die Erde den Mittelpunkt des Universums bildete. Die Bewegung der Himmelskörper wie Sonne, Mond und Sterne erklärte er damit, dass sie auf durchsichtigen Sphären angebracht seien, die sich in unterschiedlicher Geschwindigkeit um die Erde bewegten. Diese Sicht des Kosmos, bei der der Mensch und seine Lebenswelt im Mittelpunkt stehen, fügte sich vollkommen in das Weltbild der christlichen Gelehrten ein und wurde daher von ihnen zur allgemeinen Lehrmeinung erhoben.

Diese herrschende Auffassung wurde im 16. und 17. Jahrhundert von verschiedenen Gelehrten grundsätzlich infrage gestellt. Mit neuen Berechnungsmethoden und vor allem neuen Geräten zur Naturbeobachtung wie dem Fernrohr konnten Nikolaus Kopernikus, Johannes Kepler und Galileo Galilei nachweisen, dass es die aristotelischen Sphären nicht gab und dass sich tatsächlich die Erde um die Sonne bewegt. Die jüdisch-christliche Auffassung von der Welt und der zentralen Stellung des Menschen im Kosmos wurde damit verworfen. Die Kirche versuchte zunächst, die Verbreitung der neuen wissenschaftlichen Erkenntnisse zu verhindern. So wurde beispielsweise Galilei 1616 von der Kirche untersagt, seine Forschungsergebnisse weiterhin zu verbreiten. Doch die neuen Erkenntnisse waren in der Welt. Sie fanden bei vielen Forschern interessierte Aufnahme und wurden schließlich durch weitere Untersuchungen bestätigt.

Dennoch sahen viele christliche Gelehrte den biblischen Schöpfungsbericht weiterhin als unumstößlich an und wiesen in umfangreichen Büchern nach, dass die Naturerscheinungen im vollkommenen Einklang mit den Angaben in der Bibel standen. Auch, was die Schilderung der Schöpfungsgeschichte in der Genesis anbelangte, wurde der Bibel nach wie vor absolute Autorität zuerkannt. Anhand des Bibeltextes konnte nach Überzeugung mancher Wissenschaftler sogar ermittelt werden, wann Gott die Schöpfung vollzogen hatte. Entsprechende Berechnungen stellten im 17. Jahrhundert beispielsweise der irische Theologe James Usher (1581–1656) und sein Cambridger Kollege John Lightfoot (1602–1675) an. Aufgrund der im Alten Testament ausgebreiteten Abstammungslisten der Israeliten errechneten sie das genaue Datum, an dem Gott die Welt erschaffen hatte. Nach ihren Angaben schloss Gott die Schöpfung an einem Sonntag ab: am 23. Oktober 4004 v. Chr. um neun Uhr morgens.

Der jüdisch-christliche Gott wird als Schöpfer der Welt und der Lebewesen dargestellt, wie er in der Bibel beschrieben wird. Tafelbild in einer Weltgeschichte aus Akkon, 1250–1275

## Das Alter der Welt

Sollte die Welt also rund 6000 Jahre alt sein? Alles sprach dafür: Für die Menschen im 17. und noch im 18. Jahrhundert waren 6000 Jahre eine schier unvorstellbar große Zeitspanne, und es bestand schon von daher für sie kein Grund, sie zu hinterfragen. Außerdem waren Usher und Lightfoot zu ihrer Zeit hoch angesehene Wissenschaftler. Ihre Berechnungen wurden schließlich auch von dem berühmten Mathematiker Sir Isaac Newton (1642–1726) ernst genommen. Newton selbst hatte Kalkulationen zum Alter der Welt angestellt und die Ergebnisse der beiden Theologen nahezu bestätigt. Nach seiner Rechnung war die Welt sogar um 534 Jahre jünger als von Usher und Lightfoot angegeben.

Wie Newton waren die führenden Naturforscher des 17. und 18. Jahrhunderts überzeugte Christen. Sie glaubten an Gott und waren der Auffassung, dass er die Welt so erschaffen habe, wie es in der Bibel geschrieben stand. Und sie gingen davon aus, dass Gott rational handelte. Ihre Aufgabe sahen sie darin, die Gesetze aufzudecken, die Gottes Schöpfung zugrunde lagen. Doch mit der Zeit und immer weiteren Forschungen stellten sich Probleme ein – und das vor allem auf zwei Gebieten: der Geologie und der Biologie. In beiden Bereichen kamen die Forscher angesichts des Schöpfungsberichts zunehmend in Erklärungsnöte.

So entdeckten Geologen beispielsweise Versteinerungen von Tieren in Materialien, die eindeutig älter als 6000 Jahre sein mussten. Außerdem gaben ihnen Fossilien von Fischen und anderen Seelebewesen weit oberhalb des Meeresspiegels Rätsel auf. Sie mussten von großen Hebungen der Erdoberfläche aus dem Meer heraus oder einer starken Absenkung des Meeresspiegels ausgehen, die sie sich nicht erklären konnten und die in der vorgeblichen Zeitspanne von 6000 Jahren nur schwer unterzubringen waren. Die Forscher standen angesichts dessen vor großen Herausforderungen. Einige versuchten, die ungewöhnlichen Erscheinungen mit unterschiedlichen Katastrophen zu erklären und so die geologischen Belege mit der biblischen Geschichte in Einklang zu bringen. Es wurden Ende des 18. Jahrhunderts allerdings auch schon Stimmen laut, die wie beispielsweise der schottische Geologe James Hutton (1726–1797) davon ausgingen, dass die Gestalt der Erde nicht auf eine Abfolge von Katastrophen, sondern auf langsame gleichförmige Prozesse zurückzuführen war. Wann diese Prozesse eingesetzt haben sollten, ließ er offen, aber es bestand kein Zweifel daran, dass das biblische Alter der Erde für diese Vorgänge nicht ausreichte.

Die Probleme der Biologen mit dem Schöpfungsbericht ergaben sich aus einer Fülle von neuen Beobachtungen. Jeder Bauer wusste, dass man Tiere mit speziellen Eigenschaften züchten konnte, dass die Arten also keineswegs so unabänderlich waren, wie es den Anschein hatte. War also, konnte man angesichts dessen fragen, Gottes ursprüngliche Schöpfung nicht vollkommen? Und auch von anderer Seite her ergaben sich Zweifel am biblischen Bericht. Je weiter die Menschen reisten, umso mehr Tier- und Pflanzenarten entdeckten sie, die in der Bibel nicht beschrieben waren. Hatte Gott diese Tiere und Pflanzen ebenfalls geschaffen? Und wenn ja: Warum in einer solchen Vielzahl und über die ganze Welt verteilt?

Erste Vermutungen gingen dahin, dass die unterschiedlichen Arten durch eine Anpassung der Lebewesen an ihre Umwelt zustande kamen. Einzelne Gelehrte stellten die Theorie auf, dass hier Vererbung im Spiel war. Doch bei genauerem Hinsehen war Vererbung nicht möglich, denn die Erfahrung lehrte, dass durch einen bestimmten Lebensstil erworbene Eigenschaften nicht an die Kindergeneration weitergegeben wurden.

Eine Lösung des Problems lieferte erst der englische Naturforscher Charles Darwin (1809–1882). Er ging von der Frage aus, wie sich Tierarten ohne menschliches Zutun verändern konnten. Nach zahlreichen Studien kam er zu den Ergebnissen, die er 1859 in seinem berühmten Buch »Über die Entstehung der Arten durch natürliche Selektion oder die Erhaltung von begünstigten Rassen im Lebenskampf« veröffentlichte. Seine Erkenntnisse können in vier Schlagworten zusammen-

Das Gemälde von M. B. Messer *Charles Robert Darwin* entstand nach einem Porträt von John Collier, 1912.

gefasst werden: Variation, Überproduktion, Vererbung und natürliche Selektion. Unter dem Begriff »Variation« fasste Darwin das Phänomen zusammen, dass die Individuen einer Tier- oder Pflanzenart in ihren Eigenschaften eine gewisse Variationsbreite aufweisen. »Überproduktion« besagt, dass die Nachkommenschaft von Organismen für den Lebensraum, in dem sie leben, zu groß ist. Dadurch kommt es zur »natürlichen Auslese«: Da die Ressourcen eines Lebensraums beschränkt sind, entsteht unter den Individuen Konkurrenz, in der sich die lebensfähigeren Varianten durchsetzen und überleben. Nur diese Varianten pflanzen sich fort und vererben ihre Eigenschaften an die folgende Generation und führen schließlich zur Entwicklung neuer Arten.

Darwins Erklärung der Entstehung der Arten war revolutionär – und das vor allem im Hinblick auf das christliche Verständnis von Gottes Schöpfung der Welt. Denn Darwins Erklärung besagte, dass Gott die Lebewesen nicht vollkommen geschaffen hatte, und vor allem, dass sich in letzter Konsequenz auch der Mensch wie andere Lebewesen erst langsam entwickelt hat. Mit seinen Studien hat Darwin die Vorstellung vom Menschen als Gipfel der göttlichen Schöpfung endgültig verabschiedet. Nachdem im 17. Jahrhundert die Erde aus dem Zentrum des Universums an den Rand gerückt worden war, nahm er nun gleichfalls dem Menschen seine bevorzugte Position in der Schöpfung.

Darwin sah sich aus diesem Grund von christlich-bibeltreuer Seite harter Kritik ausgesetzt. Bei Biologen und Geologen fanden seine Untersuchungen dagegen zum Teil begeisterte Aufnahme. Viele Forscher haben die von Darwin skizzierten Grundlinien der Evolution (Entwicklung) der Arten weitgehend bestätigt. Ihre Untersuchungen zeigten, dass die Evolutionsprozesse wie von Darwin bereits vermutet, sehr viel Zeit benötigen und allein für die Entwicklung des Menschen von bis zu vier Millionen Jahren auszugehen ist. Auch die Zeiträume, in denen die Geologen rechnen, haben sich aufgrund neuer wissenschaftlicher Analysemethoden von Gesteinsformationen seit Darwins Zeiten erheblich ausgeweitet. Das Alter der Welt wird heute auf etwa 4,5 Milliarden Jahre geschätzt. Geologen stützen sich dabei auch auf Erkenntnisse der Astrophysiker, die sich mit der Entwicklung des Universums befassen. Seitdem der Astronom Edwin Hubble 1929 entdeckte, dass sich das Universum in einem ständigen Prozess der Ausdehnung befindet und sich alle Sterne und Galaxien kontinuierlich auseinanderbewegen, wurden zahlreiche Berechnungen zum Alter des Universums angestellt. Diesen Kalkulationen wird das Konzept der permanenten Ausdehnung des Universums zugrunde gelegt. Wenn man diesen Prozess zurückverfolgt, gelangt man zu der Vorstellung, dass das ganze Universum in einem unendlich kleinen und unendlich dichten Feuerball seinen Anfang genommen hat, der je nach Berechnung vor etwa zwölf Milliarden oder bis zu 13,7 Milliarden Jahren im sogenannten Urknall – oder englisch »Big Bang« – explodierte.

## Geschichte und Vorgeschichte

Wann hat die Geschichte begonnen? Die Frage ist nicht leicht zu beantworten. Denn so einfach sie auf den ersten Blick erscheint – sie bedarf der Präzisierung. »Geschichte« ist nämlich ein mehrdeutiger Begriff. Zunächst wird damit all das bezeichnet, was jemals im Universum geschehen ist – vom Urknall bis zum heutigen Tag. Wesentlich enger gefasst steht Geschichte für den schriftlich überlieferten Bericht von etwas Geschehenem, wobei man grob zwei Bereiche unterscheiden kann: die Naturgeschichte und die Geschichte, die von Menschen gestaltet wurde. Bei Letzterer hat es sich wiederum eingebürgert, noch einmal genauer zu differenzieren: zwischen der Geschichte, über die schriftliche Zeugnisse von Menschen vorliegen und jener, die nur anhand von nicht schriftlichen Überresten wie etwa Knochen, Werkzeugen und kunsthandwerklichen Gegenständen rekonstruierbar ist. Die Erfindung der Schrift vor rund 5000 Jahren ist ein so wichtiger Schritt für die historische Erkenntnis, dass alles, was vor dem ersten Gebrauch von Schriftzeichen liegt, als »vorgeschichtlich« gilt. Selbst wenn diese Grenzziehung in vielerlei Hinsicht ungenau ist – denn auch heute gibt es schließlich noch Kulturen ohne Schriftlichkeit –, hat sie sich in der historischen Forschung durchgesetzt. Die Frage, wann die Geschichte begonnen hat, lässt sich in diesem Sinne also durchaus beantworten: vor rund 5000 Jahren.

Alles, was vor dieser Zeit liegt, ist Gegenstand der vor- und frühgeschichtlichen Archäologie und Paläontologie. Archäologen suchen nach Zeugnissen, die über die Lebensverhältnisse der Menschen in dieser »Vorzeit« Auskunft geben können. Und Forscher, die sich mit der »Wissenschaft von den alten Lebewesen« (so die deutsche Übersetzung von Paläontologie) befassen, rekonstruieren unter anderem die Entwicklung des Menschen, die sich über vier Millionen Jahre hin erstreckt. Trotz dieser enormen zeitlichen Ausdehnung macht die Geschichte der Menschheit nur einen verschwindend kleinen Teil in der Entwicklung des Universums und selbst des Planeten Erde aus. Um sich die zeitlichen Relationen wenigstens annäherungsweise vorstellen zu können, hat der deutsche Astrophysiker Peter Kafka (1933–2000) ein anschauliches Modell entwickelt. In ihm hat er die Geschichte des Kosmos auf einen Jahreslauf übertragen. Jeder Monat steht dabei für eine Milliarde Jahre. Die Entwicklungsgeschichte der Welt liest sich dann folgendermaßen: Am Ende der ersten Sekunde nach dem Urknall entwickelt sich aus und neben der Energie Materie, die sich mit der Zeit abkühlt. Die ersten Galaxien sind Ende Januar auszumachen, aber erst Mitte August entwickelt sich unser Sonnensystem. Im September verfestigt sich die Erdoberfläche und die ersten Einzeller entstehen. Algen treten im Oktober auf, und die ersten Wirbeltiere können Mitte Dezember nachgewiesen werden. Ab dem 18. Dezember verbreiten sich Pflanzen auf der Erde, deren Atmosphäre sich daraufhin mit Sauerstoff anfüllt. Zwei Tage später: Aus Fischen entwickeln sich Molche, aus denen wiederum bis zum 24. Dezember Dinosaurier entstehen. Am 25. Dezember erscheinen die ersten Warmblüter, kurz darauf die Säugetiere. Währenddessen entwickelt sich die Erdoberfläche ständig fort. In der Nacht zum 30. Dezember türmen sich beispielsweise die Alpen auf. In den Frühstunden des 31. Dezembers laufen die ersten Affen über die Erde, aus denen sich – pro Sekunde 20 Generationen – der *Homo sapiens* entwickelt. In dieser Zeit breiten sich die sogenannten Prähominiden (Vormenschen) und später die Menschen von Afrika ausgehend über den Vorderen Orient nach Europa aus, besiedeln den asiatischen Raum und dringen nach Australien und nach Amerika vor. Die Geburt Christi fällt in die 15. Sekunde vor Jahresende, das die Gegenwart markiert.

Im Folgenden geht es inklusive der »Vorgeschichte« des Menschen um nicht mehr als die letzten etwa achteinhalb Minuten dieses Modells.

**Perioden der Vor- und Frügeschichte**

**vor 600 000 Jahren**
Altsteinzeit (Paläolithikum)

**um 10 000 v. Chr.**
Beginn der Mittelsteinzeit (Mesolithikum) in Mesopotamien (um 8000 v. Chr. in Mitteleuropa)

**um 5000 v. Chr.**
Beginn der Jungsteinzeit (Neolithikum) in Mesopotamien

**um 1700–800 v. Chr.**
Bronzezeit

**um 800 v. Chr.**
Beginn der Eisenzeit

## Die Geschichte der Menschheit

Knapp sechs Quadratmeter mit einzelnen Knochen, größeren Skelettteilen und Schädeln – mehr ist es nicht, was von den Lebewesen, die als Vorfahren des Menschen gelten können, über eine Zeitspanne von über vier Millionen Jahren erhalten ist. Die geringe Zahl der Überreste, die zudem aus dem gesamten afrikanischen, europäischen und asiatischen Raum sowie aus Australien stammen, macht deutlich, dass die Paläontologen im Hinblick auf die Entwicklungsgeschichte des Menschen auf Vermutungen und Theorien angewiesen sind.

Der rund 3,6 Millionen Jahre alte versteinerte Fußabdruck aus Laetoli in Tansania stammt von einem *Australopithecus afarensis.*

Zumindest eines ist sicher: Nach den bisherigen Funden liegen die Anfänge der Menschheitsentwicklung in Afrika. Knochenfunden in Ostafrika zufolge haben sich dort vor rund sechs Millionen Jahren die sogenannten Vormenschen, die Prähominiden, entwickelt, als deren wichtigster Vertreter der *Australopithecus* gilt. In der lateinisch-griechischen Fachterminologie steht der Name für »Südaffe«. Die berühmtesten Überreste dieser Affenart sind die des *Australopithecus afarensis,* die 1974 in Afar in Äthiopien entdeckt wurden. Die Paläontologen gehen davon aus, dass diese Affenart vor 3,9 bis 2,9 Millionen Jahren lebte. Sie ist entwicklungsgeschichtlich von Bedeutung, weil sie im Unterschied zu anderen Affen aufrecht gehen konnte. Dies führen die Forscher zum einen auf die Form der Bein- und Fußknochen des *Australopithecus* zurück, zum anderen fanden sie fossile Fußspuren in Tansania. Nach dem Ausbruch eines Vulkans vor rund 3,6 Millionen Jahren waren zwei »Südaffen« über die noch feuchte, kurz danach ausgehärtete Asche gelaufen. In der Fachwelt geht man davon aus, dass die Entwicklung des aufrechten Gangs mit einer veränderten Umwelt des *Australopithecus* zusammenhängt: Die tropischen Regenwälder, in denen er wie andere Affen auch auf den Bäumen lebte, gingen aufgrund einer allgemeinen Erwärmung der Erdatmosphäre zurück. Auf den so entstandenen Savannen blieben nur einzelnen Bäume stehen, zwischen denen sich die Südaffen auf zwei Beinen schneller fortbewegen und vor natürlichen Feinden wie Raubtieren in Sicherheit bringen konnten. Die Entwicklung wird so mit einer natürlichen Auslese der Prähominiden in Zusammenhang gebracht. Nur die *Australopithecen,* die den Verhältnissen am besten angepasst waren, überlebten und prägten die Fortentwicklung der Art.

Das Anfertigen von Werkzeugen wie Faustkeile aus Stein kann für den *Australopithecus* noch nicht nachgewiesen werden. Diese Fähigkeit wird gewöhnlich erst der Gattung *Homo* (Mensch) zugewiesen, als deren erster Vertreter der *Homo habilis* gilt. Die Zeitspanne, in der seine Existenz nachgewiesen werden kann, erstreckt sich von vor 2,1 bis vor 1,6 Millionen Jahren. Die Geschicklichkeit, die ihn nach der Artbezeichnung charakterisiert (lateinisch *habilis* bedeutet »geschickt«), bewies er im Anfertigen einfacher Werkzeuge. So bearbeitete er Steinsplitter, womit er vermutlich Aas

Ein Faustkeil aus Feuerstein mit scharfer Schneide war das Universalwerkzeug im Mittelpaläolithikum, um 80 000 bis 40 000 v. Chr.

zerkleinerte. Der *Homo habilis* war also in der Lage, zielgerichtet zu handeln und seine Umwelt kreativ zu gestalten. Die Ursache für diese Denkleistung sehen Experten in dem wesentlich größeren Hirnvolumen. Vergleicht man die Schädelgrößen, so hatte der *Homo habilis* ein Hirnvolumen von durchschnittlich 750 Kubikzentimetern gegenüber etwa 450 Kubikzentimetern beim *Australopithecus.* Die Größe seines Gehirns und die Anatomie seiner Kiefer lassen außerdem vermuten, dass der *Homo habilis* schon zu einer Kommunikation mit seinen Artgenossen fähig war, die über Schreien und Grunzen hinausging.

Selbst wenn bereits bei den früheren Hominiden der aufrechte Gang nachgewiesen ist, hat sich nach seiner Anatomie zu schließen erst der *Homo erectus* (deutsch »aufrechter Mensch«) durchgehend auf zwei Füßen fortbewegt. Seine Hände haben sich gegenüber den früheren Entwicklungsstufen der Hominiden entsprechend weiterentwickelt: Sie sind mit stärkeren Sehnen ausgestattet und haben einen eigenständigeren Daumen als Affen, sodass der *Homo erectus* mit seinen Händen besser greifen und arbeiten konnte. Offensichtlich war er auch schon in der Lage, einfache Hütten zu errichten. Jedenfalls wird ihm das weltweit älteste erhaltene Mauerwerk zugeschrieben, das in Tansania entdeckt wurde und rund 1,9 Millionen Jahre alt sein soll. Die Schutzmauer und die in ihrem Umkreis gefundenen Reste von Tierknochen und Steinen haben Spekulationen über die Lebensverhältnisse der *Homines erecti* hervorgerufen. Sie waren Fleischfresser und hatten offensichtlich eine Art Heimstatt, zu der sie die auf der Jagd erlegten Tiere brachten, um sie dort gemeinsam zu verzehren. Dies legt den Gedanken an eine Art soziale Organisation nahe, die sich auch aus einem anderen Grund aufdrängt: Wegen seines nunmehr bis zu 1200 Kubikzentimeter umfassenden Hirnvolumens dauerte die Entwicklung und Adoleszenz der Nachkommenschaft des *Homo erectus* erheblich länger als bei

**Die Entwicklung des Menschen**

**vor 3,9 – vor 2,9 Mio. Jahren**
Vorkommen des *Australopithecus afarensis* im östlichen Afrika
**vor 2,1 – vor 1,6 Mio. Jahren**
Vorkommen des *Homo habilis*
**vor 1,8 Mio. – vor 0,04 Mio. Jahren**
Vorkommen des *Homo erectus*
**vor 400 000 Jahren**
Auftreten des *Homo sapiens*
**vor 160 000–30 000 Jahren**
Vorkommen des *Homo sapiens neanderthalensis*
**vor 135 000 Jahren**
Auftreten des *Homo sapiens sapiens,* von dem die heutigen Menschen abstammen
**vor 40 000 Jahren**
Vordringen des *Homo sapiens sapiens* bis nach Australien
**vor 15 000 Jahren**
Vordringen des *Homo sapiens sapiens* über die vereiste Behringstraße auf den amerikanischen Kontinent
**vor 10 000–8000 Jahren**
Ende der Kälteperiode mit Abschmelzen der Eisflächen und Anstieg des Meeresspiegels um 130–140 Meter; Amerika und Australien werden von Eurasien abgeschnitten

anderen Säugetieren. Für die Eltern war das mit einer längeren Phase der Nachwuchspflege verbunden. Dies wiederum lässt eine Arbeitsteilung im Familienverband annehmen, bei der das Sammeln von Früchten von einem Elternteil mit der Betreuung der Nachkommenschaft in der Nähe eines gemeinsamen Lagers kombiniert werden konnte, während der andere Elternteil auf die Jagd ging. Ebenso können aus der Größe der Beutetiere Rückschlüsse auf die Lebensweise des *Homo erectus* gezogen werden. Nach den Knochenfunden in Tansania stand für ihn bei der Jagd Großwild im Vordergrund. Da dies nur schwer von einem Einzelnen erlegt werden konnte, gehen Forscher von einer gemeinsamen Jagd aus, die planvolles Vorgehen und wahrscheinlich eine höhere Form von Kommunikation voraussetzt.

Der *Homo erectus* war vermutlich erstmals in der Lage, Feuer zu nutzen, das er in Folge von Blitzeinschlägen oder natürlichen Wildfeuern kennengelernt haben dürfte. Dass er es bereits selbst entfachen konnte, ist unwahrscheinlich. Die ersten Belege für die Verwendung von Feuersteinen, mit denen durch Funkenschlag

Feuer gelegt werden konnte, lassen sich nämlich erst in die Zeit von vor 500 000 Jahren datieren.

Die Kontrolle von Feuer erschloss dem *Homo erectus* zahlreiche neue Möglichkeiten, es zu nutzen. Feuer bot ihm Schutz vor wilden Tieren und erlaubte ihm, in dunkle Höhlen vorzudringen. Außerdem konnte er mit Feuer Nahrungsmittel zubereiten und damit leichter verdaulich machen. Als Wärmespender bot es ihm ferner die Möglichkeit, in Regionen vorzudringen, die ihm aufgrund ihrer unwirtlichen klimatischen Verhältnisse bisher verschlossen waren. Dieser Ausweitung des Siedungsgebiets muss nicht grundsätzlich eine langfristige Planung zugrunde gelegen haben. Sie verlief vermutlich sehr langsam. Ein Motiv für einen Ortswechsel mochte beispielsweise die Reduzierung der Wildbestände in den ursprünglichen Siedlungsgebieten gewesen sein, sodass zur Versorgung neue Gebiete erschlossen werden mussten. Mit einer Verlagerung der Aktionsradien um nur wenige Kilometer pro Generation breitete sich die Gattung *Homo erectus* in den 1,4 Millionen Jahren, in denen sie die Erde bevölkerte, von Afrika über weite Teile des europäischen und asiatischen Raums aus. Vor rund 800 000 Jahren ist der *Homo erectus* in Europa, vor 500 000 Jahren dann in Ostasien nachweisbar.

Anhand der 1856 bei Düsseldorf entdeckten Knochenreste des Neandertalers konnte eine lebensnahe Rekonstruktion von ihm erstellt werden.

In der Spätzeit des *Homo erectus* traten bereits Frühformen des *Homo sapiens,* also des »weisen Menschen«, auf. Die ältesten Funde, die seine Existenz belegen, stammen aus der Zeit von vor 400 000 Jahren. Forscher gehen wegen seines größeren Schädelvolumens davon aus, dass sein Gehirn gegenüber dem des *Homo erectus* weiterentwickelt war. Auf jeden Fall waren seine Werkzeuge abermals erheblich verfeinert. Auch seine Sprechfähigkeit dürfte gemessen an seiner Hirngröße erheblich differenzierter gewesen sein. Zu der Gattung des *Homo sapiens*

gehört unter anderem der Neandertaler, der *Homo sapiens neanderthalensis.* Sein Name leitet sich vom Neandertal bei Düsseldorf her, wo 1856 erstmals Überreste von ihm entdeckt wurden. Seine Existenz kann bis in die Zeit von vor 160 000 Jahren zurückverfolgt werden. Wie spätere Knochenfunde in verschiedenen Regionen Europas, in der nördlichen Sahara, in Palästina, Zentralasien und China beweisen, war der *Homo sapiens neanderthalensis* eine weitverbreitete Spezies. Während der Neandertaler vor rund 30 000 Jahren aus noch unbekannten Gründen ausgestorben ist, hat sich die Linie des *Homo sapiens* zum *Homo sapiens sapiens,* also dem »wirklich weisen Menschen« weiterentwickelt, von dem die heutigen Menschen abstammen. Seine Geschichte setzt vor rund 135 000 Jahren ein, sodass er über 100 000 Jahre parallel zum Neandertaler lebte. Die Entwicklung des *Homo sapiens sapiens* nimmt vermutlich abermals in Afrika ihren Ausgang, von wo aus er sich über Europa und Asien verbreitete. Einzelne Gruppen drangen noch weiter vor: Da die Kontinente damals noch nicht durch die Weltmeere getrennt waren, gelangten manche vor 40 000 Jahren nach Australien, andere vor 15 000 Jahren nach Nord- und Südamerika. Es ist davon auszugehen, dass bereits um 10 000 v. Chr. charakteristische Unterschiede zwischen einzelnen Gruppen des *Homo sapiens sapiens* bestanden. Vermutlich aufgrund ihrer Anpassung an die Lebensbedingungen und klimatischen Verhältnisse in den verschiedenen Weltregionen haben sich so drei große ethnische Gruppierungen herausgebildet, die sich in Statur, Hautpigmentierung, Haarwuchs, Schädelform und Gesichtszügen voneinander unterscheiden: die Negriden, die in Afrika beheimatet sind, die Kaukasier, die den europäischen Raum bis in das westliche Asien und den indischen Subkontinent bevölkern, und die Mongoliden,

Im Negativ abgebildete Hände befinden sich an einer Felswand im Inneren der Cueva de las Manos im Canyon des Río Pinturas im argentinischen Patagonien. Sie sind vermutlich um 5000 v. Chr. entstanden.

die in Ost- und Südostasien leben und mit denen auch die Stämme verwandt sind, die den amerikanischen Kontinent besiedelten.

### Klimawandel und Siedlungsräume

Vor 15 000 Jahren lebte der größte Teil der Menschheit auf einer großen Landmasse. Afrika, Europa und Asien waren damals, abgesehen vom Mittelmeer, noch nicht durch Meere voneinander getrennt, und selbst nach Nordamerika bestand eine breite Landverbindung. Australien und Guinea bildeten eine eigene Landmasse, die von Südasien aus über Inseln erreichbar war. Auf ihr lebten etwa fünf Prozent der damaligen Erdbevölkerung, die insgesamt auf etwa 80 bis 100 Millionen Menschen geschätzt wird.

Der Lebensraum der Menschen war weitgehend auf warme Regionen beschränkt. In weite Bereiche der Kontinente waren sie aufgrund widriger Witterungsverhältnisse nicht vorgedrungen oder sie hatten sich aus ihnen wieder zurückgezogen. Die Entwicklung der Menschheit hatte sich bis dahin nämlich unter sehr wechselhaften klimatischen Bedingungen abgespielt. Vor etwa drei Millionen Jahren hatte sich das Erdklima über mehrere Perioden von Eis- und Wärmezeiten hinweg kontinuierlich abgekühlt. In den wiederholten Eiszeiten dehnten sich in wenigen Hundert Jahren Eismassen von der Arktis, der Antarktis und von den Gebirgen her aus und bedeckten große Teile vor allem Europas, Asiens und Nordamerikas. Die letzte Eiszeit hatte ihren Höhepunkt vor rund 21 000 Jahren. Damals lagen große Teile Europas und des nördlichen Asien unter Eis. Die Kälteperiode endete vor etwa 10 000 bis 8000 Jahren – mit dramatischen Folgen. Aufgrund der allgemeinen Erderwärmung schmolz das Eis, das bis dahin rund ein Drittel der Erdoberfläche bedeckt hatte, und der Meeresspiegel stieg um etwa 130 bis 140 Meter an. Der Küstenverlauf aller Kontinente veränderte sich dramatisch. Seitdem sind zum Beispiel Asien und Nordamerika durch eine Meeresenge voneinander getrennt, ebenso Guinea von Australien. In Ostasien entstand die japanische Inselgruppe, in Europa trennte das Meer Irland und die britischen Inseln vom Festland ab.

Wie die Menschen diese tief greifenden Veränderungen damals in den Küstenregionen wahrnahmen, ist nicht bekannt. Es gibt keine Zeugnisse, die darüber Auskunft geben könnten. Allein die sehr viel später entstandenen Erzählungen von Überschwemmungskatastrophen lassen erahnen, welche verheerenden Folgen das Ansteigen des Meeresspiegels hatte und mit welcher Furcht es noch Tausende Jahre danach die Menschen erfüllte. Die biblische Darstellung der Sintflut, der nur Noah mit seiner Arche entging (Genesis, 7–8), ist nur ein Flutbericht von vielen.

## Frühe Formen von Kultur

Wie die Fragen zur Art und Weise, in der die Menschen dieser vorgeschichtlichen Zeiten ihre Umwelt und deren Veränderung wahrnahmen, müssen auch viele andere Fragen zu ihren Lebensverhältnissen unbeantwortet bleiben. Mangels Beweisen für ihre Sesshaftigkeit ist davon auszugehen, dass sie Nomaden waren. Vermutlich folgten sie dem Zug der Tiere, die ihnen als Beute dienten. Wenn sie sich nicht in Höhlen zurückzogen, errichteten sie wahrscheinlich Hütten aus Holz oder lebten in Zelten. Da sie Materialien verwendeten, die über die Zeiten verrotteten, ist von ihren Behausungen nichts erhalten. Ebenso verhält es sich mit den Materialien, mit denen sie ihre Körper vor Kälte schützten. In frostigen Regionen verwendeten sie dazu nachweislich Tierfelle. Von anderen Arten der Bekleidung muss man ausgehen, überliefert ist von ihnen jedoch nichts.

Die Malereien aus dem »Saal der Stiere« in der Höhle von Lascaux in Frankreich stammen aus der Zeit von 17 000 bis 10 000 v. Chr.

Aber selbst Fundstücke geben Rätsel auf. Von den Neandertalern ist aus Grabungsfunden beispielsweise bekannt, dass sie ihre Toten beerdigten. Die Fragen, ob aus dieser Tatsache schon darauf geschlossen werden kann, dass sie Vorstellungen von einem Jenseits hatten und man bei ihnen sogar erste Formen von Religion annehmen darf, können nicht eindeutig beantwortet werden.

Vor ähnlichen Deutungsproblemen stehen die Forscher bei den künstlerischen Zeugnissen, die von den Menschen der Vorgeschichte erhalten sind. In Südfrankreich und Nordspanien, in der nördlichen Sahara und in Australien sind in Höhlen eine Vielzahl von Malereien erhalten, die in die Zeit von etwa 20 000 bis 8000 v. Chr. datiert werden. Sie sind vor allem für die Entwicklungsgeschichte des *Homo sapiens* höchst aufschlussreich. Sie machen deutlich, dass die Menschen damals offensichtlich bereits über eine Abstraktionsfähigkeit verfügten: Schließlich konnten sie einen dreidimensional wahrgenommenen Gegenstand mithilfe von Linien, Flächen und Farben in eine zweidimensionale Kunstform übertragen. Was aber haben die Darstellungen von Tieren und Menschen, von Einzelfiguren, Gruppen und Szenen – darunter häufig Jagdszenen – zu bedeuten? Aufgrund der Verteilung der Malereien in den Höhlenräumen gehen Wissenschaftler davon aus, dass die Darstellungen mit Kulthandlungen in Zusammenhang stehen. Was diese beinhalteten, liegt mangels Zeugnissen allerdings im Dunkeln.

Die nordafrikanische Felsmalerei der Adjer aus Tassili in der zentralen Sahara wird in die Zeit des 4. bis 2. Jahrtausends v. Chr. datiert.

Auch die Megalithkulturen (wörtlich: Großsteinkulturen) in Irland, England, Skandinavien, Frankreich, Italien und einigen Inseln des Mittelmeers geben zahlreiche Rätsel auf. Sie beginnen schon bei der bis heute ungeklärten Frage, wie die riesigen, mehrere Tonnen schweren Steine vor 5000 Jahren,

Stonehenge ist eine der bedeutendsten Anlagen der jungsteinzeitlichen Megalithkultur in Großbritannien. Sie entstand um 3000 bis um 1000 v. Chr. in mehreren Bauphasen.

als das Rad noch nicht bekannt war, überhaupt transportiert, wie sie aufgerichtet und aufeinander geschichtet werden konnten. Besondere Aufmerksamkeit verdient dabei Stonehenge, das in Südengland gelegene größte prähistorische Steindenkmal Europas. Es wurde vom Ende des 4. bis zum Ende des 2. Jahrtausends v. Chr. in mehreren Bauphasen errichtet. Die Überreste lassen erkennen, dass die Anlage aus zwei konzentrischen Kreisen von bis zu sieben Meter hohen Monolithen bestand, auf deren äußeren beiden waagerecht große Felsen auflagen. Da im Umkreis von Stonehenge Reste von Brandbestattungen gefunden wurden und am Tag der Sommersonnenwende genau über die Mittelachse der Anlage die Strahlen der aufgehenden Sonne einfallen, geht man bei Stonehenge von einer Kultstätte aus. Auch andere Monumente der Megalith-

**Frühe Kulturen**

**vor 17 000 – vor 10 000 Jahren**
Entstehung der Höhlenmalereien in Lascaux und Montignac (Frankreich)

**vor 16 000 – vor 14 000 Jahren**
Entstehung der Höhlenmalereien in Altamira (Spanien)

**um 4500–2000 v. Chr.**
Höhepunkt der Megalithkultur in der Bretagne (Frankreich)

**um 3500–3000 v. Chr.**
Höhepunkt der Megalithkultur in Irland und England

**um 3000 – um 1000 v. Chr.**
Verschiedene Bauphasen von Stonehenge (England)

kultur, wie etwa jene in Irland, sind in einer bestimmten Weise nach der Sonne ausgerichtet. Welche gedanklichen Konzepte dahinterstehen, konnte bisher nicht schlüssig erklärt werden. Umso reicher sind die Spekulationen über ein »geheimes Wissen der Alten«, das den Bauten zugrunde liegen soll. Dabei beruht das »Geheimnis«, das diese Einrichtungen umgibt, auf einer einfachen Tatsache: Die Anlagen der Megalithkultur stammen allesamt aus einer Zeit, in der es noch keine Schriftlichkeit gab, mit der die notwendigen Informationen hätten vermittelt werden können.

### Jäger, Sammler, erste Siedler

In der Vorgeschichte wird die Zeit von vor zwei Millionen Jahren bis vor etwa 12 000 Jahren als Paläolithikum (Altsteinzeit) bezeichnet. Die Prähominiden und Menschen dieses Zeitalters waren Jäger und Sammler und allem Anschein nach Nomaden. Dann trat ein Wandel ein, dem eine wahrhaft epochale Bedeutung zugeschrieben und weshalb die Zeit nach 10 000 v. Chr. als Neolithikum (Jungsteinzeit) bezeichnet wird: Die Menschen begannen, sesshaft zu werden, zunächst in kleinem Stil zur Selbstversorgung, bald auch darüber hinaus, um Pflanzen anzubauen und Viehzucht zu treiben. Und sie entwickelten in diesem Umfeld neue, ausgefeiltere Steinwerkzeuge als bisher.

Es ist viel darüber spekuliert worden, warum der *Homo sapiens sapiens* erst so spät sein Nomandendasein aufgab. Als einer der Gründe dafür wird die Klimaveränderung angeführt, die zum Abschmelzen der kontinentalen Eismassen und zum Anstieg des Meeresspiegels führte. In dieser Zeit starben große Teile des bei den Menschen begehrten Großwildes aus. Dafür mögen nicht allein Umweltfaktoren ausschlaggebend gewesen sein. Vermutlich haben auch die Menschen ganze Landstriche leergejagt. Ein anderer Erklärungsversuch geht dahin, dass die Gemeinschaften von Jägern und Sammlern lange Zeit klein waren und dass daher die Ressourcen der Gegenden, in denen sie gerade lebten, für ihre Versorgung ausreichten; wenn diese zur Neige gingen, zogen sie weiter. Erst nach zwei Millionen Jahren hätten dieser Theorie zufolge die Kapazitäten der Natur generell nicht mehr ausgereicht. Die Menschen hätten daraufhin versucht, selbst durch gezielte Pflanzungen und durch Tierhaltung Abhilfe zu schaffen und wären darüber sesshaft geworden.

Welche Gründe auch immer für die Aufgabe des Nomadendaseins ausschlaggebend sein mochten – auf jeden Fall setzte der Ackerbau eine gute Beobachtungsgabe und ein planvolles Umsetzen der dadurch gewonnenen Erkenntnisse voraus, sei es über nützliche Pflanzenarten, die Auswahl von Pflanzorten, die Kultivierung des Bodens und Methoden der Bewässerung.

Annähernd zeitgleich und wohl weitgehend unabhängig voneinander sind um 10 000 v. Chr. Menschen an vielen verschiedenen Orten der Erde auf Ackerbau und Viehzucht umgestiegen: im Nahen Osten, in Indien, Nordafrika, Nord- und Südostasien, Zentral- und Südamerika. Besondere Bedeutung kommt dabei jener Gegend zu, die als »fruchtbarer Halbmond« bezeichnet wird und sich von Ägypten entlang der Ostküste des Mittelmeers bis nach Anatolien erstreckt. Von dort reicht sie vom südlichen Hang des Kaukasusgebirges bis in die Täler des Zweistromlandes, heute im Wesentlichen das Gebiet des Irak. Wie Bodenuntersuchungen ergaben, wurden dort bereits um 7500 v. Chr. Gräser angepflanzt. Und die ersten Nachweise für Schafzucht im Nordirak stammen sogar aus der Zeit um 9000 v. Chr. Es sind die ersten Spuren von Bewirtschaftungsformen, die die Natur auf dem Planeten Erde entscheidend verändern sollten, denn erstmals griffen nun die Menschen zum Zwecke besseren Ackerbaus durch Roden, Bewässern und Entwässern ganzer Landstriche in die Natur ein. Aber auch die menschliche Gemeinschaft sollte sich fundamental verändern, wie die Geschichte der ersten Hochkulturen zeigt.

## Der lange Weg zur Hochkultur

Mit der Aufnahme von Ackerbau und Viehzucht um 5000 v. Chr. hat sich das Leben der Menschen grundlegend verändert: Sie wurden zu großen Teilen sesshaft, fanden sich bald in Gemeinschaften zusammen und teilten sich die Arbeit. Durch Fortschritte in der Landwirtschaft gelang es vielen, mehr als für den eigenen Bedarf zu produzieren. Diese Überschüsse konnten sie mit Menschen tauschen, die nun nicht mehr vorwiegend Landwirtschaft betreiben mussten, sondern sich auf andere, zum Beispiel handwerkliche Tätigkeiten konzentrieren konnten. Dorfgemeinschaften entstanden und traten mit anderen Dörfern in Handelsbeziehungen oder mit Nomaden, die es nach wie vor gab. Unterschiedliche Erfolge im Wirtschaften und im Handel führten zur Ungleichheit unter den Menschen – mit weitreichenden Folgen für ihr Zusammenleben. So kam es beispielsweise in Notzeiten wiederholt zu Übergriffen von Nomaden auf Siedler, die Vorratshaltung betrieben. In der Folge sicherten diese ihre Dörfer mit Mauern. Derartige Maßnahmen machten eine gemeinsame Verwaltung notwendig, die für deren Finanzierung sorgte.

Die Vorgänge, die zur Bildung größerer gesellschaftlicher Gemeinschaften führten, entwickelten sich sehr langsam und nahmen regional unterschiedliche Formen an. Häufig beschränkten sich Zusammenschlüsse auf die Dorfebene. Gingen sie jedoch darüber hinaus, formten sich sogenannte Hochkulturen aus, also größere, komplexere, arbeitsteilige Gesellschaften, die ein Verwaltungssystem kannten und in denen es zur Ausbildung von Schriftlichkeit kam. Auch eine gemeinsame Religion, Ansätze zu Naturforschung sowie Literatur und Kunst sind für Hochkulturen charakteristisch.

Die grundlegende Bedeutung, die der Landwirtschaft in diesem Zusammenhang zukam, zeigt sich darin, dass sich die frühen Hochkulturen in Regionen mit besten Bedingungen für Ackerbau und Viehzucht entwickelt haben: in wasserreichen Gegenden, in der Nähe großer Flüsse. So war es um 3000 v. Chr. der Fall im Zweistromland (Mesopotamien) zwischen den beiden Flüssen Euphrat und Tigris im Vorderen Orient, fast gleichzeitig entlang des Nils, dann um 2500 v. Chr. im Umfeld des Indus im Nordwesten des indischen Subkontinents und um 1500 v. Chr. in der Gegend des Gelben Flusses in China. Für die Zeit um 1500 v. Chr. können auch in Mittelamerika höhere Kulturformen nachgewiesen werden. Insgesamt betrachtet haben sich bis 1000 v. Chr. diejenigen Hochkulturen ausgebildet, die in der Geschichte der Menschheit bestimmend sein sollten: Sie haben alle Kulturen, die später entstanden, in ihrer Entwicklung beeinflusst.

## Mesopotamien

Mesopotamien verdankt die Grundlagen seiner Existenz den Flüssen Euphrat und Tigris. Aufgrund regelmäßiger Überschwemmungen mit fruchtbarem Schlamm machten sie aus den Landstrichen, die sie durchflossen, eine breite grüne Insel inmitten der Wüstengebiete des heutigen Irak. Nach bisherigen Untersuchungsergebnissen bauten Menschen hier bereits um 5500 v. Chr. Getreide an - vor allem Gerste, Weizen und Hirse. Es bedurfte

### Mesopotamien

**um 3000 v. Chr.**
Bildung von Stadtstaaten der Sumerer im Süden des Zweistromlandes

**um 3000 v. Chr.**
Entwicklung der Keilschrift; Erfindung der Töpferscheibe, kurz darauf Verwendung des Rades für Karren und Wagen

**2800–2500 v. Chr.**
Frühdynastische Zeit; semitische Völker siedeln zwischen Euphrat und Tigris; Paläste weltlicher Herrscher gewinnen neben den Tempeln der Priester an Bedeutung

**um 2350–2300 v. Chr.**
Herrschaft Sargons I. über Mesopotamien, Teile Syriens und Kleinasiens

**um 2010 v. Chr.**
Erste Nachweise einer schriftlichen Fassung des *Gilgamesch-Epos*

**1728–1686 v. Chr.**
Herrschaft des Hammurabi in Babylon

allerdings noch etlicher Hundert Jahre, bis die Kulturen so weit entwickelt waren, dass sie Überschüsse erwirtschaften konnten. In weiten Teilen des Landes war Ackerbau mit großem Aufwand verbunden, denn Euphrat und Tigris versorgten die Gebiete nur unregelmäßig mit Wasser: Auf Zeiten der Überschwemmung im Frühjahr folgten lange Perioden der Wasserarmut – vor allem in den weiter von den Flüssen entfernten Gebieten. Um die Bewirtschaftung der Felder in diesen Gegenden zu gewährleisten, regulierten die Siedler die Wasserversorgung mithilfe ausgedehnter Kanalsysteme. Da diese Arbeiten von Einzelnen jedoch nicht geleistet werden konnten und die leicht versandenden Bewässerungsanlagen ständiger Wartung bedurften, kam es unter den Bewohnern des Zweistromlandes frühzeitig zu arbeitsteiligen Zusammenschlüssen. Die einen kümmerten sich um die Wasserversorgung, die anderen um die Bebauung des Landes, und alle zusammen lebten von den landwirtschaftlichen Erträgen. Dass die Menschen im Zweistromland ohne größere Streitigkeiten erfolgreich zusammenarbeiteten, dürfte auf ihre religiösen Überzeugungen zurückzuführen sein. Sie waren der Auffassung, dass die Welt den Göttern gehört und die Menschen nur dazu da sind, ihnen zu dienen. Die Ernteerträge trugen die Bauern daher in den regionalen Tempeln und Kultzentren zusammen. Dort wurden die Naturalien gesammelt und teils den Göttern geopfert, teils an die Bevölkerung verteilt. In

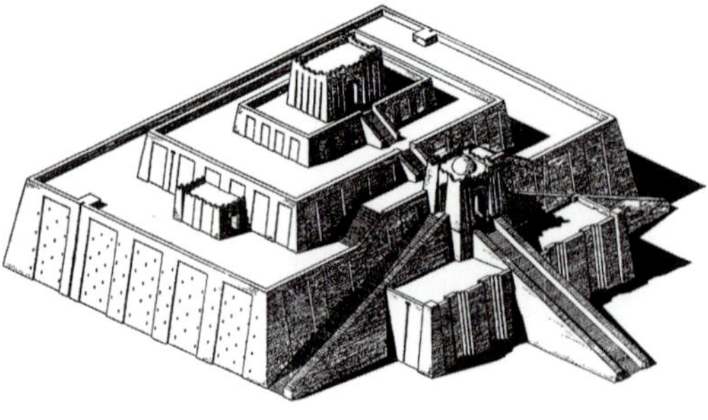

Die Zikkurat des Urnammu in Ur mit einem Lehmziegelkern und Backsteinmantel war ursprünglich etwa 26 Meter hoch, um 2100 v. Chr.

diesem Rahmen kam es dann zu einer der wichtigsten Erfindungen der Menschheit: zur Erfindung der Schrift.

Die Schrifttafel aus gebranntem Ton, vermutlich aus Uruk, zeigt eine Auflistung verschiedener Getreideprodukte, aus der Zeit von 3200 bis 3000 v. Chr.

Die Priester und ihre Helfer, die für die Verwaltung der Ernteerträge zuständig waren, erkannten nämlich, dass sie eine Gedächtnisstütze benötigten, wenn sie auf Dauer den Überblick über Erträge und Verteilung der landwirtschaftlichen Produkte behalten wollten. Zunächst arbeiteten sie vermutlich mit Einkerbungen an den Tongefäßen, in denen sie die Naturalien, vor allem die Getreidesorten Hirse, Gerste und Weizen, sowie Pflanzenöle, verwahrten. Dann gingen sie dazu über, das so entstandene System von Zeichen zur Darstellung von Gegenständen, Maßen und Zahlen zu verfeinern. Anfangs benutzten sie dazu kleine bildhafte Zeichen und Symbole, die sie mit Rohrgriffeln in Tontäfelchen einritzten. Die ältesten erhaltenen Schriftzeugnisse dieser Art stammen aus dem Süden des Zweistromlandes, dem Land Sumer. Um die Schrift effizienter zu machen, reduzierten die Sumerer die Zahl der zeitweilig rund 2000 Bildzeichen und gingen dazu über, bestimmte Laute und Silben durch eine Kombination einfacher keilförmiger Einritzungen in Tontafeln darzustellen. Kurz nach 3000 v. Chr. haben die Sumerer so die Keilschrift erfunden. Von dem südlichen Zweistromland aus verbreitete sich das Schreiben mit den Handelsbeziehungen in die Welt, wo dann häufig ähnliche, oft aber auch andere Formen des Schreibens erprobt wurden.

Ebenso nahmen die Sumerer in verschiedener Hinsicht gegenüber anderen Völkern eine kulturelle Vorreiterrolle ein. Sie haben für ihre Götter die ersten monumentalen Bauten errichtet. Im Mittelpunkt ihrer größeren Ansiedlungen stand ein terrassenförmiger Tempelturm, eine sogenannte Zikkurat, die aus Lehmziegeln und Backsteinen errichtet wurde. Um sie herum gruppierten die Sumerer im Laufe der Zeit ihre ebenfalls aus Lehmziegeln gebauten Häuser. So entstanden zum Teil große Städte wie Uruk, das um 3000 v. Chr. bis zu 30 000 Einwohner zählte.

In den sumerischen Städten lebten längst nicht mehr alle Bewohner von Ackerbau und Viehzucht. Viele betrieben Handelsgeschäfte oder übten handwerkliche Tätigkeiten aus, in deren Rahmen sie neue Entdeckungen machten. Um 3000 v. Chr. kam bei den sumerischen Töpfern beispielsweise der Gebrauch des Töpferrades auf. Um die gleiche Zeit entwickelten die Sumerer die Funktion des Rades weiter und bauten die ersten Wagen für den Transport ihrer Waren.

Trotz der reichen archäologischen Funde wäre das Wissen über das Leben der Menschen im Zweistromland dürftig, hätten nicht einige Sumerer die neu entwickelte Schrift dazu verwendet, Gebete, Hymnen und Dichtungen festzuhalten. Besonders aufschlussreich für die Lebensumstände und das Denken der Sumerer ist das *Gilgamesch-Epos,* selbst wenn es nur bruchstückhaft überliefert ist. Held der Dichtung ist König Gilgamesch aus der Stadt Uruk, dessen Untertanen wegen der Härte seiner Herrschaft die Götter um Hilfe bitten. Diese erschaffen daraufhin mit dem Riesen Enkidu einen Rivalen für Gilgamesch, den dieser aber zum Freund gewinnen kann. Mit ihm gemeinsam tötet er das Waldungeheuer Chumbaba. Weil sie damit die Göttin Ischtar erzürnen, muss Enkidu sterben. Gilgamesch macht sich nach dessen Tod auf die Suche nach dem Kraut, das ihm Unsterblichkeit verleihen kann und findet es tatsächlich auf dem Grund des Meeres. Es wird ihm allerdings von einer Schlange entwendet, sodass am Ende für Gilgamesch wie für alle anderen Menschen gilt: Der Mensch ist gegen den Willen der Götter machtlos.

Dieses älteste literarische Kunstwerk der Menschheit, dessen früheste Zeugnisse in die Zeit um 2100 v. Chr. datiert werden, gewährt erstmals Einblick in die Lebensverhältnisse und religiösen Vorstellungen eines

Volks. Darüber hinaus vermittelt das *Gilgamesch-Epos* einen Eindruck von der Sehnsucht der Menschen, die Grenzen ihres irdischen Daseins zu überwinden. Für viele spätere Dichter des Vorderen Orients und dann auch in Europa wird es zur Quelle der Inspiration und zum Vorbild für ihre Heldendichtungen.

Einen König Gilgamesch hat es vermutlich sogar tatsächlich gegeben. Er könnte um die Mitte des 3. Jahrtausends v. Chr. gelebt haben, in der Zeit, die als »frühdynastische Periode« Sumers bezeichnet wird. In ihr gelang es verschiedenen weltlichen Herrschern und ihren Nachkommen, sich gegenüber der Priesterschaft durchzusetzen, die bis dahin im Zweistromland bestimmend gewesen war. Auf die frühdynastische Zeit sollten zwei größere historische Epochen folgen, deren erste von König Sargon I. (Regentschaft um 2350–2300 v. Chr.) eingeleitet wurde. König Sargon eroberte große Teile Mesopotamiens und Kleinasiens und regierte das so geschaffene Großreich von seiner neu gegründeten, zwischen Euphrat und Tigris gelegenen Hauptstadt Akkad aus. Seine Dynastie hatte allerdings nicht lange Bestand. Bereits nach dem Tod seines Enkels im Jahre 2230 v. Chr. fiel die Macht an die Sumerer zurück, deren Herrschaftszentrum bis um 2000 v. Chr. wieder die Stadt Ur bildete. Damals zeichnete sich bereits ab, dass das Zweistromland aufgrund seiner Fruchtbarkeit und der hervorragenden Naturalwirtschaft der Sumerer bei vielen Völkerschaften Begehrlichkeiten weckte. Eine Folge davon war, dass durch Eroberungszüge verschiedener, vor allem aus Zentralasien nach Süden vordringender Völker im Zweistromland eine längere Zeit chaotischer Zustände anbrach. Erst König Hammurabi (Regentschaft 1728–1686 v. Chr.) vom Volk der Amoriten konnte nach erfolgreichen Kriegszügen gegen rivalisierende

Die Szene zeigt Hammurabi vor dem sitzenden Gott der Gerechtigkeit Schamasch. Es handelt sich um ein bekrönendes Relief auf einer Stele mit dem Gesetztestext des Hammurabi, um 1700 v. Chr.

Völker und Machthaber die Ordnung im Gebiet um Euphrat und Tigris wiederherstellen. Mit der in seinem Auftrag vorgenommenen Aufzeichnung geltenden Rechts, dem sogenannten Codex Hammurabi, gelang es ihm, seine Herrschaft zu sichern und seinen Untertanen ein friedliches Zusammenleben zu ermöglichen. Sein Reich, das er von der neuen, im nördlichen Teil des Zweistromlandes gelegenen Hauptstadt Babylon aus regierte, ging jedoch bald nach seinem Tod unter. Der Vordere Orient erlebte abermals eine Zeit fortwährender Kriege sowie eine rasche Folge von Aufstieg und Fall verschiedener Reiche. Erst den indogermanischen Hethitern, die um 2000 v. Chr. in das heutige Anatolien einwanderten, gelang es um 1380 v. Chr. ein Großreich aufzubauen, das zeitweise vom heutigen Syrien bis zum Schwarzen Meer reichte und bis 1200 v. Chr. einen bedeutenden Machtfaktor in der Region darstellte. Die hethitischen Großkönige, deren Reich von zahlreichen eidlich gebundenen Unterkönigen regiert wurde, schlossen Allianzen mit Nachbarreichen und standen über gegenseitige Gesandtschaften mit Ägypten und dem babylonischen Reich in regem Austausch. Zumindest in einer Hinsicht haben die Hethiter die kulturelle Tradition des Zweistromlandes fortgeführt: Sie haben die Keilschrift für ihre indogermanische Sprache übernommen.

### Ägypten

Die Kultur Ägyptens nimmt seit jeher unter den frühen Hochkulturen eine besondere Stellung ein. Die Gründe dafür liegen zum einen in der Größe, der Pracht und dem Erhaltungszustand der ägyptischen Monumente, also der Pyramiden, Tempel und Grabkammern der Herrscher, zum anderen in der beispiellosen Kontinuität der ägyptischen Kultur, die rund 2000 Jahre nahezu unverändert bestand. Von etwa 3000 bis 1069 v. Chr. standen die ägyptischen Könige, die Pharaonen, fast ununterbrochen an der Spitze des Reichs am Nil.

**Ägypten**

**um 3000 v. Chr.**
Vereinigung des ober- und unterägyptisches Reichs durch den sagenhaften König Menes mit Memphis als Hauptstadt

**um 3000 v. Chr.**
Entwicklung der Hieroglyphenschrift (verwendet bis 394 n. Chr.)

**2850–2052 v. Chr.**
Altes Reich (1. bis 6. Dynastie)

**2650–2190 v. Chr.**
Pyramidenzeit (3. bis 6. Dynastie)

**2190–2052 v. Chr.**
Erste Zwischenzeit (7. bis 10. Dynastie)

**2052–1570 v. Chr.**
Mittleres Reich (11. und 12. Dynastie)

**1778–um 1610 v. Chr.**
Zweite Zwischenzeit (13. und 14. Dynastie)

**um 1650 v. Chr.**
Einfall der Hyksos; Einrichtung einer neuen Residenz Auaris im östlichen Nildelta (15. bis 17. Dynastie)

**1570–715 v. Chr.**
Neues Reich (18. bis 30. Dynastie)

**1480–1448 v. Chr.**
Größte Ausdehnung des Reichs vom Euphrat bis zum vierten Nilkatarakt unter Thutmosis III.

**1377–1358 v. Chr.**
Amenophis IV., auch »Echnaton« genannt, setzt mit seiner Frau Nofretete die Verehrung der Sonnenscheibe Aton als Gottheit durch

**um 1333–1323 v. Chr.**
Tutanchamun stellt Amunkult wieder her

**um 950 v. Chr.**
Scheschonk, ein libyscher Söldnerführer, reißt die Macht in Ägypten an sich

Wesentlich dazu beigetragen hat die geografische Lage Ägyptens, durch die es von Angriffen fremder Völker verschont blieb. Der Nil bildete mit seinen regelmäßigen Überschwemmungen den Lebensquell und Mittelpunkt des Reichs, das von allen Seiten natürliche Barrieren schützten: im Norden das Mittelmeer, im Westen die Libysche Wüste, im Süden die Nubische Wüste und im Osten bis hin zum Roten Meer nichts als unfruchtbares, felsiges Land.

Im Laufe des 4. Jahrtausends v. Chr. hatten sich entlang des Flusses zwei große Reiche ausgebildet. Alten ägyptischen Überlieferungen zufolge wurden sie um 3000 v. Chr. von dem mythischen König Menes I. zusammengeführt. Menes gilt als Begründer der ersten ägyptischen Herrscherdynastie. Seitdem wurden die

Zwei der Pyramiden des Pyramidenfeldes von Gizeh: rechts die berühmteste der Pyramiden, die des Cheops, des zweiten Pharaos der vierten Dynastie (Regentschaft um 2620–2580 v. Chr.).

Könige Ägyptens, die Pharaonen, auch »Herren beider Reiche« genannt. Als Machtzentrum etablierte sich das südlich des heutigen Kairo gelegene Memphis.

Die Macht in Ägypten lag bei den Pharaonen. Sie hatten den Anspruch, das Land als Stellvertreter der Götter zu regieren und dabei selbst wie Götter verehrt zu werden. Ihre Aufgabe war es, für das friedliche Zusammenleben ihrer Untertanen zu sorgen. Das versuchten sie vor allem durch eine strenge Einhaltung der sogenannten Maat zu gewährleisten. Unter Maat verstanden die Ägypter die allumfassende Wahrheit und Ordnung, die weder Menschen noch Götter ändern konnten. Ihr Gegenteil ist das Chaos, vor dem der Pharao Ägypten beschützen sollte. Er war die zentrale Persönlichkeit im Reich: Er war Besitzer allen Landes, Garant für dessen Fruchtbarkeit und damit für den Wohlstand seiner Bewohner. Ihm, dem Gott und Mittler zwischen Göttern und Menschen, und seiner Gefolgschaft aus Priestern und Verwaltungsbeamten waren die Ägypter, die in der

Die Grabkammer des Senefer, der unter Pharao Amenophis II. Bürgermeister von Theben war, ist vollständig mit Texten und Bildern ausgestattet. Theben-West, um 1410 v. Chr.

Mehrzahl Bauern waren, zu Abgaben von ihrer Ernte und zu Diensten verpflichtet. Dazu zählten auch die Arbeiten an den Monumentalbauten wie den Pyramiden. Die bedeutendsten dieser Grabmonumente für Pharaonen wurden in der Zeit der dritten bis sechsten Dynastie, also zwischen 2650 und 2190 v. Chr., errichtet. Die ägyptischen Bauern verrichteten diese Dienste vor allem während der alljährlichen viermonatigen Überschwemmungszeit des Nils, in der ihre Äcker überflutet waren. Für sie war die Arbeit für die Pharaonen eine ehrenvolle Tätigkeit, der Dienst für einen Gott.

Das Verhältnis der Ägypter zu ihren Göttern und ihre Gedankenwelt erschließen sich über die bildlichen Darstellungen, die die Grabkammern der Pharaonen, ihre Tempel und Paläste schmücken. Darüber hinaus dokumentierten die Ägypter wichtige Ereignisse in schriftlicher Form – unter anderem auf Papyrus, einer ihrer wichtigsten Erfindungen in der damaligen Welt. Sie stellten diese Vorform des Papiers aus kreuzweise übereinandergelegten und gepressten Streifen vom Mark des Papyrusgrases her. Ihre Schrift hatten die Ägypter – vermutlich angeregt von den Sumerern – selbst entwickelt: Sie bestand ausschließlich aus Bildsymbolen. Diese sogenannten Hieroglyphen (griechisch für »heilige Schriftzeichen«), die von etwa 3000 v. Chr. bis in die Spätantike hinein verwendet wurden, konnten von den Ägyptologen bis ins frühe 19. Jahrhundert nicht entschlüsselt werden. Erst als dem Franzosen Jean-François Champollion 1822 die Deutung der Zeichenfolgen gelang, konnten die vielen Inschriften auf ägyptischen Monumenten und anderen auf Papyrus überlieferten Texten inhaltlich erschlossen werden. Sie brachten den Ägyptologen wichtige Erkenntnisse über die politische Entwicklung des Landes, dessen Geschichte in fünf Phasen unterteilt werden kann: In die des Alten, des Mittleren und des Neuen Reichs, die durch zwei Zwischenzeiten voneinander getrennt sind. Im Alten Reich (2850–2052 v. Chr.), der Zeit der ersten bis sechsten Dynastie, war die Macht der Pharaonen unbestritten. Doch zunehmend gewannen bereits damals regionale Herrscher Einfluss, die den Pharaonen zunächst unterstanden hatten. Die Entwicklung führte dazu, dass die Macht in der ersten Zwischenzeit (2190–2052 v. Chr.) de facto auf diese regionalen Potentaten überging. Erst in der zwölften Dynastie (1991–1786 v. Chr.) gelang es wieder, die Macht in der Hand der Pharaonen zu zentralisieren. Die zwölfte Dynastie markiert daher den Anfang des sogenannten Mittleren Reichs. Vermutlich aufgrund der Erfahrungen in der Zwischenzeit wurden die Pharaonen nun allerdings nicht mehr als Götter, sondern nur noch als von Göttern abstammend angesehen. Ihnen gelang es, das Reich nach Süden hin auszudehnen und Teile Nubiens mit seinen großen Goldvorkommen zu erobern. Die zweite Zwischenzeit (1778–1570 v. Chr.) setzt mit erneuten Wirren im Reich ein, wovon die Hyksos, eine aus mehreren Stämmen zusammengesetzte semitische Völkerschaft, profitierten: Für rund 80 Jahre (um 1650–1570 v. Chr.) übernahmen sie die Macht in Ägypten. Nach der Vertreibung der Hyksos gelang es den Pharaonen des Neuen Reichs, mit Eroberungszügen bis an den Euphrat sowie nach Nubien Ägypten zur Großmacht aufzubauen. Das Reich erlebte in dieser Zeit aufgrund einer schier unermesslichen Kriegsbeute, hoher Abgaben der besiegten Völker und des regen Handels mit allen damaligen Mächten eine Periode einzigartigen Glanzes. Unter dem Pharao Thutmosis III. (Regentschaft 1480–1448 v. Chr.) erstreckte sich das ägyptische Reich schließlich bis zum Euphrat und bis an die Grenzen des Hethiterreichs.

Unter den Pharaonen des Neuen Reichs hat vor allem Amenophis IV. (Regentschaft 1377–1358 v. Chr.) Berühmtheit erlangt. Er ist als »Ketzerkönig« in die Geschichte eingegangen, weil er sich zusammen mit seiner Frau Nofretete gegen den bislang alles beherrschenden Kult des Sonnengotts Amun-Re wandte und versucht hatte, die Verehrung des Sonnenrades Aton durchzusetzen. Aus diesem Grund nannte er sich selbst Echnaton, was so viel bedeutet wie »der Aton dient oder nützlich ist«. Seinem Einsatz für den neuen Gott und seinen Kult war jedoch kaum Erfolg beschieden. Bereits seinem Sohn und Nachfolger Tutanchamun (Regentschaft um 1333–1323 v. Chr.) gelang es, den Amunkult wieder herzustellen. Auch sein Name ist aussagekräftig: Er wandelte den ihm von seinem Vater verliehenen Namen Tutanchaton (»lebendes Abbild des Aton«) in Tutanchamun (»lebendes Abbild des Amun«) um.

Die berühmte Mumienmaske des Tutanchamun wurde aus dickem Goldblech getrieben, in das verschiedene Schmucksteine eingelegt wurden. Theben-West, um 1325 v. Chr.

Manche Ägypter mochten in diesen religiösen Auseinandersetzungen bereits ein böses Omen für den Fortbestand des Reichs erkannt haben. Aber auch unabhängig davon machten die zunehmend unübersichtlichen Machtkonstellationen im Vorderen Orient und die Angriffe kriegerischer Völkerschaften auf die ägyptischen Territorien den Pharaonen zu schaffen. Ihre Herrschermacht begann zu schwinden und ging immer mehr auf Priester und Beamte über. Doch auch die Priester konnten sich bald nicht mehr durchsetzen. Nach zahlreichen inneren Wirren gelang es um 950 v. Chr. einem libyschen Söldnerführer, die Macht in Ägypten an sich zu reißen und den Einfluss der Priester zurückzudrängen. Ein Teil der einstmals so mächtigen Gottesdiener zog sich daraufhin nach Nubien im Süden zurück, um dort einen Gottesstaat zu gründen.

### Indien

Es war eine archäologische Sensation, als Anfang des 20. Jahrhunderts die Zeugnisse einer frühen Hochkultur im Tal des Indus, im Nordwesten des indischen Subkontinents, entdeckt wurden. Keine Monumentalbauten wie in Mesopotamien oder Ägypten hatten darauf hingewiesen, dass entlang des Flusses vor langer Zeit eine Hochkultur bestanden hatte. Archäologen stießen in den 1920er-Jahren am Indus auf zahlreiche Überreste großer Siedlungen aus der Zeit um 2500 v. Chr. Die ersten Ausgrabungen fanden in Harappa, am mittleren Lauf des Indus, statt. Nach ihnen bezeichnet man die Kultur als Harappa-Kultur, selbst wenn seitdem zahlreiche weitere Städte und größere Siedlungen entlang des Indus und von dessen Mündung bis hinab zur Halbinsel Kathiawar entdeckt wurden. Die großzügig angelegten Städte wiesen gewöhnlich eine schachbrettartige Anlage auf und zählten bis zu 30 000 Einwohner, was Rückschlüsse auf eine erfolgreiche Landwirtschaft zulässt. Die berühmtesten Funde in Harappa und im weiter flussabwärts am Indus gelegenen Mohenjo Daro zeugen zudem von weit entwickelten technischen Fähigkeiten im Bau von Häusern und Bewässerungsanlangen. Ebenso sind kunsthandwerkliche Erzeugnisse erhalten. Außerdem verfügte die Harappa-Kultur über

Das große Becken in Mohenjo Daro: Die Städte der Harappa-Kultur (2500–1800 v. Chr.) hatten ein ausgeklügeltes System von Leitungen, mit denen Becken wie dieses mit Wasser versorgt werden konnten.

eine Schrift, die bislang jedoch noch nicht entschlüsselt werden konnte. So wenig, wie man über das Entstehen der Harappa-Kultur weiß, so wenig ist über ihren Untergang im ersten Drittel des 2. Jahrtausends v. Chr. bekannt. Es gibt allenfalls Vermutungen, dass ein Klimawandel mit einem starken Rückgang von Niederschlägen, vielleicht auch ein Erdbeben, das Ende dieser Hochkultur am Indus herbeigeführt hat.

Zu etwa der gleichen Zeit, als die Harappa-Kultur erlosch, drangen 1750 v. Chr. halbnomadische Volksstämme aus Zentralasien über den Khaiber-Pass im Norden des heutigen Pakistan nach Indien vor. Die Aryas, die »Edlen«, als die sie sich bezeichneten, waren Krieger, die ihre Ausstattung mit Pferden und Kampfwagen erfolgreich gegen die indische Bevölkerung einsetzten und den Norden des Subkontinents eroberten. Als Viehhalter, die gelegentlich auch Ackerbau betrieben, besiedelten sie die Ebene bis hin zum Ganges.

Selbst wenn sich die hellhäutigen Aryas von Anfang an von der dunkelhäutigen Urbevölkerung absonderten, vermischten sich doch ihre religiösen Vorstellungen mit denen der Inder. Wie dies im Einzelnen vor sich ging, lässt sich nicht mehr genau nachvollziehen. Das Wissen darüber stammt aus den Vedischen Schriften, den »Weisheits«-Schriften, in denen die religiösen Überzeugungen der Aryas niedergelegt sind.

**Indien**

**2500–1800 v. Chr.**
Höhepunkt der Harappa-Kultur
**um 1750 v. Chr.**
Einwanderung der Aryas von Nordwesten in die Gangesebene
**1750–1000 v. Chr.**
Frühvedische Zeit; die Aryas erobern Teile Nordindiens
**1000–600 v. Chr.**
Spätvedische Zeit; die Aryas dringen in die Gegend von Delhi vor
**um 560–483 v. Chr.**
Gautama Buddha lehrt die Erlösung durch Selbstvervollkommnung

Die wichtigste und älteste dieser Textsammlungen (und zugleich die älteste religiöse Schrift der Menschheit) ist der sogenannte *Rig-Veda,* eine Zusammenstellung von über Tausend kultischen Hymnen, die vermutlich um 1000 v. Chr. gesammelt und später aufgeschrieben wurden. Der *Rig-Veda* und andere Schriften lassen eine Weltanschauung erkennen, in der gleichermaßen Götter und unpersönliche Mächte verehrt wurden.

Als dominant erwies sich die Kultur der Aryas vor allem im Hinblick auf die soziale Ordnung der Gesellschaft, die zur Grundlage des späteren indischen Kastenwesens wurde. Ursprünglich bildeten bei den Aryas die Streitwagenkämpfer und Reiter zusammen mit den Priestern die Führungsspitze der Gesellschaft. Infolge ihrer Eroberungszüge standen jedoch zunächst die Krieger in höherem Ansehen als die Priester. Dies änderte sich im Laufe der Jahrhunderte. So bildeten schließlich in der später weiter untergliederten Kastenordnung die Priester (Brahmanen) die höchste Kaste, gefolgt von den Kriegern (Kschatyras), Bauern (Vaischions) sowie den Unterworfenen und Mischlingen (Shudras). An unterster Stelle in der Gesellschaft standen die Kastenlosen (Parias).

Der Einfluss der Aryas kam zuerst nur im Norden Indiens zur Geltung. Im geografisch stark zergliederten Süden lebten verschiedene Völkerschaften, mit denen sie nicht in Kontakt kamen und über die mangels schriftlicher Quellen auch nur sehr wenig bekannt ist. In der frühen Phase der indischen Geschichte vollziehen sich bedeutsame gesellschaftliche und kulturelle Entwicklungen im Norden des Subkontinents. Dies gilt ebenso für die Verbreitung der Lehre des Buddhismus, die der aus dem südlichen Nepal stammende Prinz Siddharta Gautama (um 560–483 v. Chr.) entwickelte. Im Alter von 29 Jahren verließ er seine Heimat, um Erlösung von dem Leid zu suchen, das er in der Welt als allgegenwärtig wahrnahm. Erst nach langen Mühen kam er zur Erkenntnis, wie die Erlösung zu erreichen sei. Daraufhin zog er als Buddha (Erleuchteter) durch Nordindien, um für seine Lehre zu werben, die auf den »Vier edlen Wahrheiten« gründet: Alles Dasein ist leidvoll, die Ursache des Leidens ist der Lebensdurst, die Befreiung vom Leiden ist das Auslöschen des Lebensdursts und den Weg zur Aufhebung des Leidens bildet der »Edle achtfache Pfad«. Dieser zeigt das richtige Erkennen, die richtige Gesinnung, das richtige Reden, das richtige Handeln, den richtigen Erwerb des Lebensunterhalts, ferner, wie man sich richtig bemüht, richtig achtsam ist und sich richtig konzentriert. Nach dem Tod Buddhas wurde diese Kernlehre von seinen Schülern in verschiedene Richtungen weiterentwickelt.

Die Buddha-Statue in Borobudur ist Teil eines der größten buddhistischen Bauwerke in der Nähe der zentraljavanischen Fürstenstadt Yogyakarta, um 760–830 n. Chr.

Der Buddhismus, der bereits bestehende religiöse Auffassungen nicht infrage stellt, war bis zur Islamisierung weiter Teile Indiens die beherrschende Weltanschauung auf dem Subkontinent und fand von dort aus vor allem im Osten und Südosten Asiens Verbreitung.

## China

Die Geschichte Chinas beginnt am Huangho, dem Gelben Fluss. Wie in den anderen Weltgegenden mit früher Landwirtschaft war das fruchtbare Schwemmland, das ihn umgab, eine ideale Grundlage für den Anbau von Getreide wie etwa Hirse, der für die Zeit um 5800 v. Chr. belegt ist. Später entstanden hier zudem Reiskulturen, deren erste für das 7. Jahrtausend v. Chr. am mittleren Jangtse nachgewiesen wurden. Der trockene und wüstenartige Norden sowie der überwiegend tropisch-feuchte Süden Chinas waren für den Anbau von Getreide zunächst weniger geeignet. Die Besiedlung des Gebiets um den Huangho erfolgte von Norden aus, durch Völkerschaften, die Handelskontakte nach Mittelasien und vielleicht sogar nach Mesopotamien unterhielten. Über diese Völker ist wenig bekannt. Allenfalls Unterschiede in den Töpferwaren lassen Schlüsse darauf zu, dass der Reichtum in ihrer Gesellschaft ungleich verteilt war.

Machtstrukturen und eine auf den Besitzverhältnissen aufbauende Schichtung der Gesellschaft werden erst mit dem Volk der Shang fassbar, das mit seinen Streitwagen anderen Völkern im Kampf überlegen war und so die Gebiete entlang des Gelben Flusses ohne großen Widerstand erobern konnte. Unter den Herrschern der Shang-Dynastie, die von 1500 bis 1000 v. Chr. bestand, entwickelte sich ein Herrschaftskomplex, in dem Landbesitz in Verbindung mit Dienst- und Abgabeverpflichtungen gegenüber dem Potentaten das einigende Band bildete. Die Shang wurden um 1000 v. Chr. von den Chou unterworfen. In den ersten rund 200 Jahren der Chou-Dynastie wurden die Landbesitzer zunehmend

**China**

**1500–1000 v. Chr.**
Eroberungen des Volksstammes der Shang entlang des Gelben Flusses; Herrschaft der Shang-Dynastie
**1000–770 v. Chr.**
Herrschaft der westlichen Chou-Dynastie; die Landbesitzer werden selbstständiger, es kommt unter ihnen zu Kleinkriegen
**770–256 v. Chr.**
Herrschaft der östlichen Chou-Dynastie
**403–221 v. Chr.**
Chan-kuo-Zeit (= »Zeit der Krieg führenden Staaten«); verschiedene Völkerschaften kämpfen um die Vormacht
**221–206 v. Chr.**
Herrschaft der Ch'in-Dynastie, nach der China benannt ist; Kaiser Cheng annektiert die sechs Staaten, die sich bis dato entwickelt haben und führt sie in ein Reich zusammen

selbstständiger mit der Folge, dass es unter ihnen zu zahlreichen Kleinkriegen kam. Um 770 v. Chr. verlegten die Chou nach Angriffen fremder Eindringlinge ihr Machzentrum von der Mitte Chinas in den Osten, wo ihre Dynastie noch bis 256 v. Chr. bestand. Die Zeit von 403 bis 221 v. Chr. wird als »Zeit der Krieg führenden Staaten« bezeichnet. Am Ende dieser Periode, in der verschiedene Völker und Machthaber um die Vormacht kämpften, stand ihre Vereinigung unter der Herrschaft der Ch'in, von denen China seinen Namen erhielt.

So unterschiedliche Interessen die Herrscher auch verfolgen mochten, sie trugen mit ihrer Offenheit für das Wissen der unterworfenen Völker letztlich dazu bei, dass die von den Shang begründete Kultur weit über das Territorium um den Gelben Fluss hinaus Verbreitung fand. Es war eine Kultur von Landbesitzern und Adeligen, bei denen schon früh die Zugehörigkeit zu einem Klan von großer Bedeutung war. Die rund 100 Familienverbände achteten streng darauf, dass ihre Angehörigen nur innerhalb des Klans heirateten. Alle Klans konnten auf eine göttliche Abstammung verweisen und standen so auf einer Stufe. Selbst der Herrscher war im Hinblick auf seine Herkunft nicht über die anderen Adeligen herausgehoben.

Die Meinung der Götter und göttlichen Ahnen war für die Klanoberen und damit für alle Mächtigen von größter Bedeutung. Sie versuchten daher, die Ansichten der Götter über Orakel zu ermitteln, für die sie mit Schriftzeichen versehene Tierknochen benutzten. Daher ist bekannt, dass bereits in der Zeit der Shang-Dynastie eine Schrift mit rund 5000 Bildzeichen verwendet wurde, die die Grundlage für die Zeichenschrift ist, die noch heute in China verwendet wird.

Für die Zeit um 500 v. Chr. ist für das chinesische Reich die Existenz erster größerer Städte nachgewiesen. Sie entstanden meist im Umfeld von Tempeln, die Großgrundbesitzer errichtet hatten und in deren Nähe sich auch die Verwaltung ihrer Güter befand. Mit dem Machtstreben der Landbesitzer wurden diese Siedlungen, in denen ihre Gefolgschaften wohnten, zu Zentren des Widerstandes gegenüber der Zentralmacht und zu ständigen Unruheherden.

Viele Chinesen sahen diese Entwicklung mit Missfallen und versuchten, ihr entgegenzuwirken. Dabei beriefen sie sich auf verschiedene Denker, die versuchten, ihre Mitmenschen auf Werte einzuschwören, die ein friedliches Miteinander ermöglichten. Der bedeutendste dieser Gelehrten war Meister Kung, der außerhalb Chinas unter seinem latinisierten Namen Konfuzius Berühmtheit erlangt hat. Konfuzius (um 551–479 v. Chr.) stammte aus einer Familie des niederen Adels. Er war zunächst als Beamter tätig und machte sich aufgrund seines Berufs Gedanken über gerechtes Regieren. Weil Konfuzius bei keinem Herrscher seiner Zeit Gehör fand, verlegte er sich darauf, lehrend durch das Land zu ziehen. Sein Ziel war es, seinen Zeitgenossen die Gedanken nahezubringen, die seiner Meinung nach den Kern guten Handelns ausmachten und in der täglichen Arbeitsroutine leicht in Vergessenheit gerieten. Im Zentrum standen für ihn persönliche Integrität und von Eigeninteressen

Nach der Lehre von Meister Kung, latinisiert Konfuzius, stellen für einen Menschen persönliche Integrität und von Eigeninteressen freies Handeln die höchsten Ideale dar.

freies Handeln, das er allen Menschen - und insbesondere den Regierenden - ans Herz legte. Er war ein konservativer Reformer, der die traditionellen Werte der chinesischen Gesellschaft beschwor. Dabei spielten religiöse Anschauungen für ihn keine Rolle. Konfuzius war gänzlich auf das Diesseits ausgerichtet und hat nicht zuletzt daher in China bis in die jüngste Zeit hinein zahlreiche Anhänger gefunden.

## Mittelamerika

In Mittelamerika kam es zur letzten Ausformung einer differenzierten Kultur im Neolithikum, der der Status einer Hochkultur zuerkannt worden ist. An der Ostküste des heutigen Mexiko und entlang einiger Flüsse, die in den Golf von Mexiko münden, erlebte die Kultur der Olmeken von etwa 1500 bis 800 v. Chr. eine Blütezeit. Die Olmeken bauten in erster Linie Mais, aber auch Kürbis, Chili und Bohnen an. Dabei waren sie in den regenreichen tropischen Gebieten Mittelamerikas nicht unbedingt auf Pflanzungen in der Nähe von Flüssen angewiesen. Sie errichteten Kultzentren mit großen Erdpyramiden, in deren Umkreis Großskulpturen in Form von Steinköpfen gefunden wurden. Manche dieser Monumente sind über 20 Tonnen schwer. Wie vieles andere an dieser Kultur, geben diese Monumente mit säuglingsähnlichen Gesichtern Rätsel auf. Es ist nicht mit letzter Sicherheit zu klären, ob in ihren eher kleinen Städten mit allenfalls bis zu 1000 Einwohnern nur Priester lebten, die in Kultzentren ihren Dienst verrichteten, oder ob dort auch Laien wohnten. Ebenso sind die Funktion des von den Olmeken entwickelten Kalenders und die Bedeutung ihrer Hieroglyphenschrift wissenschaftlich noch nicht erschlossen. Angesichts ihrer vielfältigen Errungenschaften vermuten Experten, dass sie die Azteken, die viele Jahrhunderte später in Mittelamerika ein großes Reich aufbauten, stark beeinflusst haben.

Olmekische Kolossalköpfe wie dieser aus La Venta in Mexiko sind an allen Stätten der olmekischen Kultur (um 1500–800 v. Chr.), der ältesten Stadtkultur Mittelamerikas, gefunden worden.

## Kriegshandwerk und Handelsmächte

Wie kaum eine andere Region der Welt übte das Zweistromland eine enorme Anziehungskraft auf die unterschiedlichsten Völker aus. Alle wollten sie aus der Fruchtbarkeit der Region Nutzen ziehen, und viele machten sich auf, das Land mit Gewalt in ihren Besitz zu bringen.

Die Städte Mesopotamiens konnten lange Zeit von ihren Befestigungen profitieren, da den Nomadenvölkern, die in das Zweistromland vordrangen, Belagerungstechniken von ihrer Lebensweise her fremd waren. Dafür waren sie den Siedlern im Feldkampf überlegen. Eine entscheidende Rolle spielten hierbei die zweirädrigen Kampfwagen, die vermutlich Ende des 2. Jahrtausends v. Chr. erstmals eingesetzt wurden. Auf dem Wagen agierten zwei Kämpfer, von denen der eine den Wagen lenkte und es damit ermöglichte, dass der andere beide Hände für den Kampf frei hatte. Auch der Kampf zu Pferd hat sich im Laufe des 2. Jahrtausends v. Chr. verbreitet. Der Anstoß hierzu scheint von zentralasiatischen Nomandenvölkern gekommen zu sein, denn in Mesopotamien waren Pferde zunächst sehr selten und ein Luxus, den sich nur wenige leisten konnten. Das Reiten im Kampf erforderte viel Übung

Das Relief vom Palast Königs Assurbanipal in der irakischen Stadt Ninive zeigt einen spätassyrischen Streitwagen mit Bogenschützen im Feldzug gegen das Königreich Elam 653 v. Chr., 7. Jh. v. Chr.

und große Geschicklichkeit, denn der Halt bietende Steigbügel (zunächst nur in Form von ledernen Schlaufen) ist erst im 3. Jahrhundert v. Chr. von den nördlich des Schwarzen Meeres beheimateten Skythen entwickelt worden.

Mindestens ebenso kampfentscheidend wie die Techniken waren die für die Waffen verwendeten Materialien. Ab dem 4. Jahrtausend v. Chr. wurden die bis dahin üblichen Kampfmittel aus Stein und Holz zunehmend durch metallene Waffen ersetzt. Zu dieser Zeit kam im Vorderen Orient die Erzverarbeitung auf – zunächst von Kupfer, dann, ab etwa 2500 v. Chr., von Bronze, einer Legierung aus Kupfer und Zinn. Von Mesopotamien aus hat sich die Kenntnis der Metallverarbeitung dann rasch nach Norden, ins Mittelmeergebiet und nach Ägypten verbreitet. Das wesentlich härtere Eisen kam erst später auf. Die Kunst des Eisengießens wurde von den Hethitern um 1200 v. Chr. in den Vorderen Orient vermittelt, von wo ihr Wissen in den Mittelmeerraum gelangte. Die Metalle wurden mit der Zeit für die Herstellung von immer mehr Gerätschaften verwendet und damit für die technische und künstlerische Entwicklung in den menschlichen Gemeinschaften prägend. Daher ist es üblich geworden, nach der »Steinzeit« von der »Bronzezeit« und nach ihr von der »Eisenzeit« zu sprechen. Weil die Metallverarbeitung nicht überall auf der Welt gleichzeitig Verbreitung fand, ist eine global gültige Periodisierung nicht möglich. Es muss nach größeren Wirtschaftsregionen unterschieden werden. Für Europa setzt man die Bronzezeit von 1700 bis 800 v. Chr. an und spricht für die nachfolgende Periode von der Eisenzeit. In China dagegen ist der Beginn der Eisenzeit erst um 500 v. Chr. anzusetzen.

Da es nicht überall Metallvorkommen gab, hat die Nachfrage nach diesen wichtigen Rohstoffen wesentlich zum Entstehen des Fernhandels beigetragen. Berühmte Zinnvorkommen gab es beispielsweise am Hindukusch, in Mesopotamien und Anatolien. Zypern war für Kupfer berühmt, das nach der Insel auch seinen Namen hat. Denn Kupfer – lateinisch *aes cuprum* – bedeutet nichts anderes als »zyprisches Erz«. Der Transport dieser Güter erfolgte auf dem Festland bevorzugt mittels Lasttieren: Eseln, Rindern, Pferden und ab etwa 1500 v. Chr. auch Kamelen. Der Einsatz von Wagen zum Warentransport dürfte für lange Strecken aufgrund der einfachen Bauweise der Wagen und schlechter Wegeverhältnisse keine große Rolle gespielt haben. Der Transport mit Tieren war vergleichsweise schneller. Am komfortabelsten war zweifellos der Transport auf dem Wasser. Zur schnelleren Fortbewegung eines Boots haben die Ägypter um 3000 v. Chr. das Segel erfunden.

Der Handel erfolgte zunächst durch Tausch, Ware gegen Ware oder gegen Dinge, die einen allgemein anerkannten Wert darstellten. Dies konnten Nutztiere sein, aber auch Salz war ein weitverbreiteter Tauschgegenstand. Eine besondere Rolle spielten schon früh Metalle, die in Barren gegossen wurden. Diese Barren aus Silber, Blei oder Bronze wurden gewogen und durch Abhacken kleiner Metallteile auf das unter den Händlern abgemachte Gewicht gebracht. Mit der Zeit kamen die Händler auf die Idee, Barren von gleichem Gewicht und später gleich große und gleich schwere Metallplättchen herzustellen. Die ersten, die diese Plättchen mit einer Stempelprägung versahen und auf diese Weise die Münze erfanden, waren um 700 v. Chr. die Lyder, die im Westen Kleinasiens lebten.

### Kreta und Mykene

Von der Entwicklung des Fernhandels profitierten auch die Inseln der Ägäis, allen voran die größte unter ihnen, Kreta. Auf ihr sind ab dem 6. Jahrtausend v. Chr. Siedlungen nachgewiesen, wobei die Kreter zunächst in Höhlen wohnten, die auf der gebirgigen Insel in großer Zahl vorhanden sind. Ab etwa Mitte des 3. Jahrtausends v. Chr. lebten sie in Dörfern und kleineren Städten, die eine regelmäßige Anlage aufwiesen und deren

**Kreta**

**2600–2000 v. Chr.**
Minoische Frühzeit; Entstehung der Hafenstädte in Ostkreta; Siedlungen erst in Höhlen, dann in Steinhäusern

**2000–1570 v. Chr.**
Zeit der älteren, unbefestigten Paläste in Knossos, Phaistos, Mallia

**1570–1425 v. Chr.**
Zeit der jüngeren, befestigten Paläste in Knossos, Phaistos, Hagia Triada; Seehandel mit Ägypten; zweimalige Zerstörung des Palasts von Knossos durch Erdbeben, der danach wieder aufgebaut wird

**um 1425 v. Chr.**
Letzte Zerstörung des Palasts von Knossos, vermutlich abermals durch Erdbeben und Untergang der minoischen Kultur

Häuser aus Stein und Lehmziegeln errichtet waren. Die Kreter siedelten vor allem in den Küstenregionen der Insel und betrieben Landwirtschaft, lebten vom Fischfang oder gingen Handwerksberufen nach. Die wichtigsten Produkte, die sie ausführten, waren Olivenöl, Wein und Schafwolle.

Um 2000 v. Chr. trat in dieser Gesellschaft von Bauern, Handwerkern und Händlern ein grundlegender Wandel ein. Aus bis heute noch ungeklärten Gründen wurden damals auf Kreta plötzlich spektakuläre Paläste gebaut: weitläufige Prachtbauten mit regelmäßig angelegten, großartig ausgestatten Räumen und riesigen Vorratskammern. Der größte Palast in Knossos

Der um 2000 v. Chr. errichtete Palast von Knossos war mit farb- und ausdrucksstarken Fresken wie diesen ausgestattet.

verfügte sogar über ein für die damalige Zeit einzigartiges System der Kanalisation. Vor allem dieser Palast wurde mit König Minos in Verbindung gebracht, nach dem die kretische Kultur als »minoische Kultur« bezeichnet wird. Ob es einen König dieses Namens tatsächlich gegeben hat, ist allerdings nicht bekannt. In Griechenland jedenfalls war seine Person von Legenden umgeben. König Minos, so hieß es unter anderem, habe den Meeresgott Poseidon erzürnt, weil er sich geweigert habe, ihm einen prachtvollen Stier zu opfern. Mit diesem Stier soll ihn dann, von Poseidon dazu veranlasst, seine Frau betrogen und daraufhin den Minotauros geboren haben – ein Ungeheuer, von Gestalt halb Stier halb Mensch. Der Sage nach mussten die Griechen dem Minotauros, der in einem eigens für ihn angelegten Labyrinth gefangen gehaltenen wurde, alljährlich Menschenopfer darbringen, bis der attische Prinz Theseus das Ungeheuer tötete.

Es sind viele Versuche unternommen worden, diese Legende zu deuten und sogar den Ort des Labyrinths ausfindig zu machen – doch ohne Erfolg. Allenfalls die Paläste können aufgrund ihrer verschachtelten Bauweise den Charakter von Labyrinthen vermitteln. Über ihre Funktion ist wenig bekannt. Offensichtlich dienten große Teile von ihnen als Lager für Naturalien, sodass die Theorie aufgestellt worden ist, dass in ihnen Waren zentral aufbewahrt und an die Bevölkerung verteilt wurden. Welche Rolle die Herrscher Kretas dabei spielten, ist nicht zu klären. Schon die Frage, welche Herrschaftsstrukturen es in der minoischen Epoche überhaupt gegeben hat, muss offenbleiben.

Die Hoffnungen der Forscher gehen dahin, dass es eines Tages gelingen wird, die Schrift (eine Art abgewandelte Bilderschrift) zu entschlüsseln, derer sich die Minoer bedienten. Solange dies nicht möglich ist, können viele Fragen auch zu den religiösen Ansichten der minoischen Kreter und ihren Lebensgewohnheiten nicht beantwortet werden.

So rätselhaft die minoische Kultur ist, so mysteriös ist ebenfalls ihr Ende. Fest steht allein, dass nach 1425 v. Chr. die Städte Kretas entvölkert waren und die minoische Kultur erlosch. Zu diesem Untergang sind viele Vermutungen angestellt worden – von blutigen Aufständen der Kreter gegen ihre Herrscher über Invasionen feindlicher Völker, von denen die kretische Bevölkerung verschleppt worden sei, bis hin zu einer Erdbebenkatastrophe. Da zu derselben Zeit auch auf anderen Inseln Städte zerstört wurden und die kretische Bevölkerung offensichtlich ausgelöscht wurde, gehen heute viele Forscher davon aus, dass ein Erd- und Seebeben in Kombination mit einer Flutwelle zum Untergang der minoischen Gesellschaft und Kultur geführt hat. Zur Stützung dieser These wird darauf verwiesen, dass Erdbeben früher schon schwere Schäden auf der Insel angerichtet haben, was aus dem Mauerwerk der Palastanlagen hervorgeht: Nach Zerstörungen wurden die Paläste offensichtlich mehrmals neu aufgebaut.

Was von der minoischen Kultur bleibt, sind jedoch nicht nur die Zeugnisse auf Kreta. Aufgrund der regen Handelstätigkeit der Insulaner haben zahlreiche ihrer handwerklichen Erzeugnisse – vor allem Vasen und Keramiken – bis nach Sizilien und an die Adriaküste hinauf Verbreitung gefunden. Die engsten Handelskontakte bestanden allerdings zum südlichen griechischen Festland und der Peloponnes.

Dort hatten sich die von Norden her eingewanderten Achaier um 1500 v. Chr. fest etabliert. Sie waren allem Anschein nach ein Volk von Kriegern, das auf Anhöhen Befestigungen errichtete, die mit zum Teil riesigen, dicken Mauern versehen waren. Die berühmteste dieser burgartigen Anlagen ist die von Mykene im Nordosten der Peloponnes. Daher wird die ganze Kultur auf der Halbinsel, dem griechischen Festland und den Inseln der Ägäis in der Zeit von 1600

Der doppelhenkelige Krug im sogenannten Palaststil stammt aus dem Palast von Hagia Triada auf Kreta, um 1500 v. Chr.

bis 1150 v. Chr. als »mykenische Kultur« bezeichnet, selbst wenn Mykene nur ein Zentrum unter vielen war. Allerdings wurden dort die spektakulärsten Grabungsfunde gemacht. Ende des 19. Jahrhunderts entdeckte Heinrich Schliemann am westlichen Fuß des Burgbergs von Mykene die Schachtgräber einiger Könige aus dem 16. Jahrhundert v. Chr. Sie enthielten kostbare Goldschätze (unter anderem Totenmasken, Schmuck und Waffen), wie sie sonst nirgendwo mehr gefunden wurden. Vasen und Gerätschaften aus der Produktion von Handwerkern des griechischen Festlandes und der Peloponnes fanden damals im Mittelmeerraum weite Verbreitung. Nach 1425 v. Chr. schlossen Mykene und andere griechische Handelsstädte die Lücke, die durch den Untergang der Minoer entstanden war. Sie pflegten auch mit den Städten des westlichen Kleinasiens einen regen Handelsaustausch, von denen das nördlich zum Bosporus hin gelegene Troja eine der bedeutendsten war. Wie Grabungen seit dem späten 19. Jahrhundert ergeben haben, war es ein wichtiges Handelszentrum gewesen, das viele Male – teils von Menschenhand, teils durch Naturkatastrophen – zerstört und immer wieder aufgebaut worden war. Von den insgesamt neun Siedlungsschichten, die dort von Archäologen ausgemacht wur-

Die mykenische Goldmaske schrieb ihr Entdecker Heinrich Schliemann König Agamemnon zu, der ihm aus dem homerischen Epos *Ilias* vertraut war. Mykene, 16. Jh. v. Chr.

**Mykene**

**2500–1850 v. Chr.**
Frühhelladische Epoche; Entstehung einer Bauernkultur auf dem griechischen Festland
**1850–1600 v. Chr.**
Mittelhelladische Epoche; Eindringen der indogermanischen Stämme Ionier und Aiolier auf das griechische Festland und die Peleponnes
**1600–1150 v. Chr.**
Späthelladische oder mykenische Epoche
**um 1150 v. Chr.**
Zerstörung der mykenischen Burgen und Untergang der mykenischen Kultur

den, wird das sogenannte Troja VIIa mit jener Stadt identifiziert, die 1184 v. Chr. von den Griechen zerstört worden sein soll. Von dem Ereignis wird im wesentlich später, um 750 v. Chr. entstandenen Epos *Ilias* berichtet, das dem Dichter Homer zugeschrieben wird. In die Zeit dieser vorgeblichen Zerstörung Trojas durch die Griechen Anfang des 12. Jahrhunderts v. Chr. wird allerdings auch das Ende der mykenischen Kultur datiert. Sie ist vermutlich im Rahmen von Invasionen verschiedener Völkerschaften aus dem Norden untergegangen, die raubend und plündernd durch Griechenland zogen. Genaues ist darüber nicht bekannt. Denn da die damaligen Bewohner Griechenlands Schrift nur zu Verwaltungszwecken verwendeten, die Verwaltung aber in den Wirren der Invasionen unterging, sind bis in die Zeit um 700 v. Chr. aus Griechenland keine schriftlichen Zeugnisse erhalten. Der anschließend einsetzende kulturelle Aufbruch Griechenlands sollte dann allerdings eine Wirkung entfalten, die Europa bis heute prägt.

## Die Phönizier

Die Schwäche der Griechen in der Zeit vom 12. bis 8. Jahrhundert v. Chr., in der ihr Seehandel praktisch zum Erliegen kam, nutzte ein semitischer Volksstamm aus – die Phönizier. Sie siedelten ab Anfang des 2. Jahrtausends v. Chr. in der Küstenregion des heutigen Libanon und haben dort Städte wie Tyros und

Sidon gegründet. Die Phönizier hatten sich zwischen den großen Mächten in Kleinasien, Mesopotamien und Nordafrika gut eingerichtet und waren bei den Nachbarvölkern hoch angesehen. Sie waren als Händler geschätzt und hatten einen hervorragenden Ruf als Handwerker. Wie in der Bibel berichtet wird, wurden sie von König Salomo persönlich mit dem Bau des Tempels in Jerusalem beauftragt (1 Könige 5f.). Auch auf geistigem Gebiet traten sie hervor. Sie bildeten eine Schrift aus, die später von den Griechen weiterentwickelt wurde. Nicht zuletzt deshalb leitet sich das griechische Wort für Buch, *byblos,* von der gleichnamigen phönizischen Stadt her. Noch berühmter aber waren die Phönizier als Seefahrer. Sie haben den Mittelmeerhandel über Jahrhunderte hinweg dominiert. Dabei kam ihnen der Niedergang der minoischen und mykenischen Mächte sehr gelegen: Die phönizischen Städte erlebten ihre Glanzzeit um 1000 v. Chr. Damals gründeten die Phönizier Handelsniederlassungen im gesamten Mittelmeerbereich und sogar darüber hinaus. Daher hat zum Beispiel die spanische Stadt Cádiz an der Atlantikküste phönizische Wurzeln.

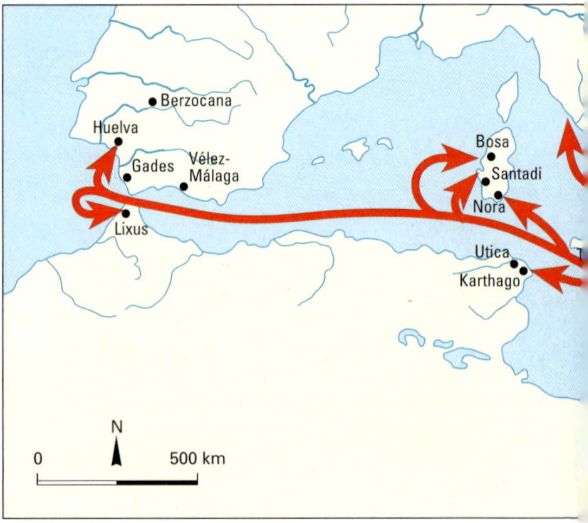

**Die Phönizier**

**1000–774 v. Chr.**
Glanzzeit des phönizischen Reichs, das aus Stadtstaaten (Byblos, Sidon, Tyros u. a.) mit politischer Selbstständigkeit besteht

**814 v. Chr.**
Gründung Karthagos

**nach 800 v. Chr.**
Abhängigkeit der phönikischen Städte von dem assyrischen Reich

In späterer Zeit, ab dem 8. Jahrhundert v. Chr., bekamen die Phönizier allerdings wieder die Konkurrenz der Griechen zu spüren. Aufs Neue erstarkt, gründeten die Griechen Kolonien im gesamten Mittelmeerraum. Die Phönizier bauten daraufhin Karthago weiter aus. Die nordafrikanische Stadt war schließlich der bedeutendste Stützpunkt, den sie gegen ihre schärfsten Konkurrenten noch halten konnten und am Ende ihr letzter Zufluchtsort. Denn ihre Heimat wurde ab dem 8. Jahrhundert v. Chr. wiederholt von verschiedenen Machthabern erobert, und ihre einst so glanzvollen Städte wurden zerstört. Karthago aber sollte noch bis ins 2. Jahrhundert v. Chr. ein bedeutender Machtfaktor im westlichen Mittelmeer bleiben.

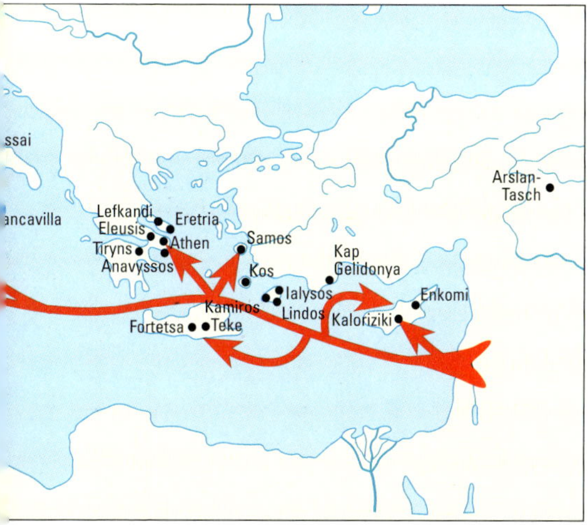


Die Phönizier beherrschten von 1200 bis 800 v. Chr. den Mittelmeerraum.

## Der Vordere Orient und Israel

Über Jahrhunderte hinweg war der Vordere Orient von einem ständigen Wechsel der Machtkonstellationen geprägt. Völker kamen und gingen oder wurden von anderen unterworfen oder vertrieben. Die Reiche der Hethiter und Ägypter besaßen dort lange Zeit die Vorherrschaft. Das Hethiterreich erstreckte sich zeitweise bis an den heutigen Persischen Golf. Ägypten kontrollierte im 13. Jahrhundert v. Chr. über das Kernland am Nil hinaus die Küstenregion des östlichen Mittelmeers. Aber ständig drangen neue Völkerschaften auf der Suche nach Siedlungsgebiet in den Vorderen Orient vor. Viele hatten erst dann eine Chance, sich anzusiedeln und eigene Machtstrukturen aufzubauen, als die beiden Großmächte geschwächt waren. Das war um 1200 v. Chr. der Fall, als das Reich der Hethiter unter verschiedenen Angriffen von bis heute nicht näher identifizierten »Seevölkern« zusammenbrach, die im östlichen Mittelmeer für Unruhe sorgten, viele Städte überfielen und plünderten. Auch die Ägypter hatten unter diesen kriegerischen Seefahrern zu leiden und sahen sich zudem im Süden

### Der Vordere Orient und Israel

**um 1500 v. Chr.**
Vermutliche Einwanderung des semitischen Volks der Hebräer in das Land Kanaan

**um 1010 v. Chr.**
Proklamation Sauls zum König

**um 1006–966 v. Chr.**
Regiert König David

**um 966–926 v. Chr.**
Regiert König Salomo

**926 v. Chr.**
Zerfall des Reichs in ein Südreich (Juda mit Jerusalem als Hauptstadt) und ein Nordreich (Israel mit Samaria als Hauptstadt nach mehrmaligem Wechsel)

**926–722 v. Chr.**
Eroberung Israels durch die Assyrer; Verschleppung der Bewohner Israels

**925–587 v. Chr.**
Besteht das Reich Juda

**587 v. Chr.**
Eroberung und Zerstörung Jerusalems durch den babylonischen Herrscher Nebukadnezar

**586–538 v. Chr.**
Babylonische Gefangenschaft der Juden

Angriffen des Königreichs Kusch ausgesetzt. In der Folge konnten sie die Gebiete östlich des Mittelmeers nicht halten – zum Vorteil verschiedener Völker, die von der ägyptischen Schwäche profitierten.

Unter ihnen waren die Hebräer, wie sie damals genannt wurden, oder, wie sie sich selbst bezeichneten, das »Volk Israel«. Die zwölf Stämme des Volks beriefen sich auf einen gemeinsamen Stammvater Abraham, der vermutlich um 1500 v. Chr. aus dem mesopotamischen Ur in das Land Kanaan, das heutige Palästina, und weiter nach Ägypten gezogen war. Von dort ist das Volk Israel lange Zeit später, vermutlich zwischen 1250 und 1200 v. Chr., unter Führung seines Gesetzgebers Moses nach Kanaan zurückgezogen. Dort ließen sich die Israeliten nach Kämpfen mit rivalisierenden Völkern nieder und lebten als Bauern vor allem von Viehzucht. Der Bericht über die Geschichte des Volkes Israel steht in den Büchern des Alten Testaments, also jenem Teil der Bibel, der einen der Grundtexte der israelitischen Volks- und Religionsgemeinschaft bildet. Auch wenn die biblischen Texte erst lange nach den Geschehnissen schriftlich fixiert wurden und daher manche weiter zurückliegenden Ereignisse leicht entstellt sind, vermitteln sie die Grundzüge der Geschichte des Volkes Israel. Vor allem ist die Heilige Schrift ein Zeugnis des Selbstverständnisses der Israeliten: Im Unterschied zu den sie umgebenden Völkern verehrten sie einen einzigen Gott. Dieser hatte ihnen nach ihrer Überzeugung über Moses Gesetze gegeben – die Zehn Gebote, die ihr Verhältnis zu Gott und zu den Mitmenschen regelten. Diese Gesetze wurden in der Bundeslade verwahrt, die den gemeinsamen Kultgegenstand der zwölf Stämme darstellte. Insbesondere in schwierigen Zeiten, in

Die Portalfigur an der Kathedrale in Santiago de Compostela stellt Moses mit den Gesetzestafeln dar, 12. Jh.

Perioden der Auseinandersetzungen mit benachbarten Völkern, beriefen die israelitischen Stämme anfangs Richter zu Befehlshabern ihrer Streitkräfte. Um 1000 v. Chr. schlossen sie sich dann in einem Reich zusammen, dem erstmals ein König vorstand: König Saul. Unter Sauls Nachfolgern David und Salomo erlebte das Volk Israel seine Glanzzeit: König David machte Jerusalem zur Hauptstadt des Reichs, und Salomo ließ dort für die Bundeslade den Tempel errichten, der fortan das Zentrum des jüdischen Glaubens bilden sollte. Doch die Einheit der Stämme währte nicht lange. Nach Salomos Tod 926 v. Chr. fiel das Königreich auseinander. Zehn der zwölf Stämme trennten sich von den übrigen zweien und bildeten das neue Reich Israel, zu dessen Hauptstadt sie Samaria bestimmten. Während sie dort ein neues Heiligtum aufbauten, schlossen sich die Stämme Benjamin und Juda zum Reich Juda mit Jerusalem als Hauptstadt zusammen, dessen religiöser Mittelpunkt weiterhin der Tempel mit der Bundeslade war. Von den beiden Reichen war nur dem südlichen Juda eine längere Lebensdauer beschieden. Es bestand bis 587 v. Chr., als Jerusalem von einer babylonischen Armee unter König Nebukadnezar erobert wurde. Damals kam es zur Zerstörung des Tempels Salomos. Die Bevölkerung Judas – oder: die Juden, wie sie jetzt bezeichnet wurden – geriet in Gefangenschaft und wurde nach Babylon verschleppt. Nach dem Ende des fast 60 Jahre währenden Babylonischen Exils kehrten viele Juden nach Palästina zurück. Doch die Machtkonstellation, die es ihnen einst ermöglicht hatte, dort ein eigenständiges Reich aufzubauen, war nicht mehr gegeben. Die Juden lebten fortan unter fremden Herrschern. Ihr Zusammengehörigkeitsgefühl aber war stärker als zuvor. Sie bezogen es aus ihrer religiösen Identität, die im Babylonischen Exil herangereift war und die das »Volk Israel« auch ohne eigenes Staatsgebiet bis in die Gegenwart zusammengehalten hat.

## Die Assyrer

Das Reich Israel war bereits 721 v. Chr. unter die Herrschaft der Assyrer geraten und von ihnen vollkommen ausgelöscht worden. Es war damit eines von vielen Opfern der assyrischen Könige, die sich verpflichtet fühlten, dem Gott Assur alle Völker der Erde zu unterwerfen. Mit diesem Ziel vor Augen eroberten sie bis Anfang des 7. Jahrhunderts v. Chr. ein Gebiet, das sich von Persien bis ins östliche Anatolien erstreckte und von dort bis nach Ägypten. Die Hauptstadt dieses riesigen Reichs war Ninive am Oberlauf des Tigris. Mit dem Reichtum, den der assyrische König Sargon II. (Regentschaft 722–705 v. Chr.) aufgrund der Eroberungen aufgehäuft hatte, ließ er nahe Ninive einen Herrscherpalast von riesigen Ausmaßen errichten und prachtvoll ausstatten. Allein das Relief, das den Palast schmückte und das die Taten der Assyrer verherrlichte, maß eine Länge von über einem Kilometer. Der letzte assyrische Erobererkönig Assurbanipal (Regentschaft 668–626 v. Chr.) verlegte sich auf eine andere Form der Kunst- und Kulturförderung. In seinem Auftrag wurde eine Bibliothek aufgebaut, in der alle literarischen Werke gesammelt wurden, die bis dato

### Die Assyrer

**um 2500 v. Chr.**
Erste Siedlungen der Assyrer am oberen Tigris

**1800–1375 v. Chr.**
Besteht das altassyrische Reich

**um 1800 v. Chr.**
Eroberung des nordbabylonischen Gebiets

**1375–1047 v. Chr.**
Besteht das mittelassyrische Reich; Ausbau der Städte Assur und Ninive

**883–612 v. Chr.**
Besteht das neuassyrische Reich; Ausdehnung des Reichs im Norden bis ans Schwarze Meer

**722–705 v. Chr.**
Regentschaft des Königs Sargon II., der die letzten Hethiterstaaten unterwirft

**668–626 v. Chr.**
Regentschaft Königs Assurbanipal, der den Bau einer riesigen Bibliothek in Auftrag gibt, von der rund 22 000 Tontafeln erhalten sind

geschrieben worden waren. Unter den wenigen Überresten, die von dieser Bibliothek erhalten sind, fanden sich auch die Fragmente des berühmten sumerischen *Gilgamesch-Epos.*

Trotz der militärischen Stärke seiner Berufsarmee ging das assyrische Reich nach dem Tod Assurbanipals unter. Auslöser für den Zusammenbruch war eine Revolte in Babylon, die das Volk der Meder, ein östliches Nachbarvolk der Assyrer, auszunutzen verstand. Die Meder, die selbst ein Reitervolk aus den zentralasiatischen Steppen waren, verbündeten sich dafür mit den Skythen, die wie sie von Norden in den Raum des »Fruchtbaren Halbmondes« und des heutigen Iran vorgedrungen waren. Mit ihnen gemeinsam gingen die Meder gegen das von inneren Unruhen geschwächte Assyrerreich vor. Sie hatten rasch Erfolg. Das Reich der Assyrer ging 612 v. Chr. mit der Plünderung Ninives durch die Meder unter. Der Mederkönig Kyaxares (Regentschaft 625–585 v. Chr.) baute daraufhin ein Großreich auf, das sich bis nach Kleinasien erstreckte – diesmal allerdings ohne die Skythen, die sich wieder nach Norden, in das Gebiet nördlich des Schwarzen Meeres, zurückzogen.

Den südlichen Teil des ehemaligen Assyrerreichs besetzten währenddessen die Chaldäer, deren König Nebukadnezar (Regentschaft 604–562 v. Chr.) Baby-

Das Ischtar-Tor aus der Zeit Nebukadnezars II., der von 604 bis 562 v. Chr. herrschte, war eines der Stadttore Babylons und ist heute im Pergamonmuseum in Berlin zu sehen.

**Die Meder**

**625–585 v. Chr.**
Gründung der medischen Großmacht durch Kyaxares
**612 v. Chr.**
Plünderung Ninives und damit Zerstörung des assyrischen Reichs; anschließend Ausdehnung des Reichs vom medischen Kerngebiet südlich des Kaspischen Meeres bis weit nach Kleinasien hinein.

lon in neuem Glanz erstrahlen ließ. Die unter seiner Herrschaft angelegten Terrassen, die »Hängenden Gärten«, wurden schon bald als Weltwunder angesehen. Die Reichtümer, die die Grundlage für den Glanz der Hauptstadt bildeten, stammten aus dem riesigen Reich, das Nebukadnezar beherrschte und das sich vom Persischen Golf bis zum Roten Meer und nach Syrien erstreckte.

## Das Persische Reich

So groß das Reich Nebukadnezars war – im Vergleich zum Reich der Perser, das im 6. Jahrhundert v. Chr. zur beherrschenden Macht im Vorderen Orient werden sollte, wirkte es klein. Die Perser waren ein Reitervolk, das wie die Meder aus den asiatischen Steppen nach Süden in den heutigen Iran vorgedrungen war. Mitte des 6. Jahrhunderts v. Chr. begannen die Perser unter ihrem Stammesfürsten Kyros (Regentschaft 559–529 v. Chr.) nach Westen hin Eroberungszüge zu unternehmen und unterwarfen binnen kurzer Zeit das Reich der Meder. Doch damit nicht genug. In nur elf Jahren gelang es Kyros, auch das Babylonische Reich, Syrien und Phönizien unter seine Kontrolle zu bringen und auf diese Weise ganz Vorderasien zu beherrschen. Sein Sohn Kambyses (Regentschaft 529–522 v. Chr.) eroberte 525 v. Chr. auch noch Ägypten und drang sogar bis nach Nubien und Libyen vor. Der dritte Perserkönig Darius (Regentschaft 521–486 v. Chr.) regierte schließlich ein Reich, das vom Westen Indiens bis nach Kleinasien und Ägypten und vom Schwarzen Meer bis in den Norden der

**Das Persische Reich**

**559–529 v. Chr.**
Kyros II. festigt nach der Eroberung des Reichs der Meder seine Macht in Persien
**529–522 v. Chr.**
Kambyses erobert Ägypten und dringt nach Libyen vor
**521–486 v. Chr.**
Darius I. zieht über den Bosporus nach Europa und erzwingt, dass Thrakien und Makedonien von ihm abhängig werden
**486–465 v. Chr.**
Regentschaft von Xerxes I.
**480–479 v. Chr.**
Feldzug nach Griechenland und Niederlage gegen die Griechen

arabischen Halbinsel reichte. Um dieses Reich überhaupt verwalten zu können, teilte es Darius in 20 Provinzen ein, denen persische Statthalter (Satrapen) vorstanden. Diese hatten unter anderem dafür zu sorgen, dass die Provinzen jährlich Abgaben in Form von Gold, Silber oder Naturalien an seinen Hof entrichteten, den Darius in größter Pracht in der von ihm gegründeten neuen Hauptstadt Persepolis (im Süden des heutigen Iran) hatte errichten lassen. Im Übrigen war seine Herrschaft von Toleranz geprägt. Selbst die unterschiedlichen Glaubensüberzeugungen seiner Untertanen akzeptierte er nicht nur, sondern förderte sie regelrecht. So ließ er unter anderem den Tempel in Jerusalem wieder aufbauen.

Darius selbst war ein Anhänger des alles beherrschenden Gottes Ahuramazda, den die Perser verehrten. Der Kult des Gottes war damals schon stark von der Lehre des Zarathustra (griechisch: Zoroaster) beeinflusst, eines Priesters und Propheten, der vermutlich um 560 v. Chr. gelebt hat. Zarathustra hat das religiöse Denken in Persien und weit darüber hinaus entscheidend geprägt. Nach seiner Auffassung hatte Ahuramazda die Welt geschaffen, in der er mit dem guten Geist (Spenta Mainyu) gegen den bösen Geist (Angra Mainyu) und sein Heer von Dämonen kämpft. Die Menschen, die als einzige Lebewesen vernunftbegabt sind, konnten sich in ihrem Denken, Reden und Handeln entscheiden,

Die Überreste des skulpturengeschmückten Tors der Nationen markieren den ehemaligen Aufgang zur Audienzhalle der persischen Herrscher in Persepolis, um 515 v. Chr.

ob sie den guten oder den schlechten Geist unterstützen wollten. Sie konnten so dem Guten in der Welt zum Durchbruch verhelfen und sich ein friedvolles Leben nach dem Tod sichern. Am Ende aller Zeiten, so lehrte Zarathustra, errichte Ahuramazda sein Reich und sitze einem Weltgericht vor, bei dem alle Menschen für ihr Denken, Reden und Tun zur Rechenschaft gezogen würden. Die Guten würden dabei mit einer glücklichen Unsterblichkeit belohnt und die Schlechten harten Strafen ausgeliefert. Nicht zuletzt aufgrund der großen Verbreitung, die die Lehre des Zarathustra im Perserreich erfuhr, zeigten sich vergleichbare Vorstellungen schließlich auch bei anderen Religionsgemeinschaften, die im Vorderen Orient entstanden. So weisen alle drei monotheistischen Religionen – Judentum, Christentum und Islam – im Hinblick auf die Belohnung und Bestrafung der Menschen im Jenseits deutliche Parallelen zu den Lehren des Zarathustra auf.

## Die Griechen

Hätte man in der Antike einen Bewohner des griechischen Festlandes, einer der Inseln in der Ägäis oder der Peloponnes gefragt, wann die Geschichte Griechenlands begonnen hat, hätten sie alle (nach unserer heutigen Zeitrechnung) das Jahr 776 v. Chr. genannt. Es war das Jahr der ersten dokumentierten Olympischen Spiele, die im Altertum den Ausgangspunkt des griechischen Kalenders markierten. Die sportlichen Wettkämpfe waren höchster Ausdruck griechischen Gemeinschaftsgefühls. An den Veranstaltungen, die alle vier Jahre in Olympia stattfanden, durften nur Kämpfer teilnehmen, die einem Volksstamm angehörten, der griechisch sprach und dieselben Götter verehrte. Für Andersssprechende hatten die Griechen nur Verachtung übrig. Weil sie in ihren Ohren nur unverständliche Laute wie »bar-bar« von sich gaben, bezeichneten sie alle Fremden als Barbaren. Anerkannte griechische Stämme waren die Aioler, Ionier und Dorer. Sie waren im Laufe des 2. Jahrtausends v. Chr. von Norden her unterschiedlich weit auf das griechische Festland und bis auf die Halbinsel Peloponnes vorgedrungen, hatten die Inseln der Ägäis und die kleinasiatische Küste eingenommen und sich mit der Urbevölkerung vermischt. Schließlich bedienten sie sich nicht nur derselben

Die Griechen stellten sich ihre Götter wie Menschen vor: Hier sind die Götter Poseidon, Apollon und Artemis auf dem Ostfries des Athener Parthenon-Tempels zu sehen, um 440 v. Chr.

Sprache, sondern verfügten nachweislich ab dem 8. Jahrhundert v. Chr. auch über eine von den Phöniziern übernommene Schrift, die sie zur ersten reinen Lautschrift weiterentwickelten. Dank dieser Erfindung sind zahlreiche literarische Werke erhalten, die in einzigartiger Weise über Leben, Denken und Empfinden der Griechen informieren. Aus dem 8. Jahrhundert v. Chr. ist so beispielsweise das Epos *Theogonie* überliefert, in dem der Dichter Hesiod vom Leben und Wirken der von den Griechen verehrten Göttinnen und Göttern berichtet. In ihrem oft leidenschaftlichen Handeln, ihren Affären und Intrigen weisen sie äußerst menschliche Züge auf. Dies zeigt sich auch in zwei Epen, die ebenfalls ins 8. Jahrhundert v. Chr. datiert und dem Dichter Homer zugeschrieben werden. Thema der *Ilias* ist das Ende des Kriegs, den die Griechen gegen die kleinasiatische Stadt Troja geführt haben, und die *Odyssee* handelt von den Irrfahrten des Helden Odysseus auf dem Rückweg von Troja zu seiner heimischen Insel Ithaka. Die Götter ergreifen in den geschilderten Ereignissen für einzelne Personen oder Personengruppen Partei und mischen sich zum Teil persönlich in das Geschehen auf Erden ein. In den beiden Epen findet sich aber nicht nur die Lebens- und Vorstellungswelt der Griechen fantasievoll ausgebreitet. Die Werke vermitteln auch einen Eindruck von der Herrschaftsorganisation ihrer Gesellschaft. In dieser frühen Phase ihrer Geschichte hatten in den griechischen Stämmen noch viele regionale Könige das Sagen. Das sollte sich bald ändern.

Ob der Dichter Homer tatsächlich gelebt hat, ist nicht bekannt. Die rotfigurige Vase zeigt eine Szene aus der ihm zugeschriebenen *Odyssee:* Odysseus und die Sirenen, 5. Jh. v. Chr.

### Die Ursprünge der Politik

Vom 7. bis 4. Jahrhundert v. Chr. kam es bei den Griechen zu Diskussionen und handfesten Auseinandersetzungen darüber, wer herrschen soll, wie Macht über Land und Leute am besten und gerechtesten ausgeübt wird und wer die Regeln für ein friedliches Zusammenleben unter den Menschen aufstellt. Diese Themen prägen noch heute die »Politik«, die buchstäblich aus dem Griechischen stammt (von griechisch *Pólis* für »Stadt«, »Gemeinschaft«). Auch die Bezeichnungen für Herrschaftsformen stammen aus dieser Zeit, wie die Monarchie (wörtlich: Herrschaft eines Einzelnen), die Oligarchie (Herrschaft von Wenigen) oder die Demokratie (Herrschaft des Volkes). Die Griechen haben diese Regierungsformen zum Teil als Erste erprobt, darüber geschrieben und auf diese Weise das Nachdenken über Politik bis heute geprägt.

Ein Anstoß zur politischen Veränderung erhielten die Griechen aus dem kleinasiatischen Ionien. Dort bildete sich in größeren eigenständigen Siedlungen unter den Bewohnern ein intensives Gemeinschaftsgefühl aus, das sich in einer gemeinsamen Verwaltung der Gemeinden durch die Bürger niederschlug. Dieses Polis-Modell fand bald auch auf den Inseln und dem griechischen Festland Verbreitung und führte in der Folge zu nachhaltigen Veränderungen in der Herrschaftsorganisation. Dort war es inzwischen ebenfalls zu Machtverschiebungen gekommen. Grundbesitzende Adelige hatten gegenüber den Königen zunehmend an Einfluss gewonnen. Immerhin stellten sie traditionell die gut ausgerüsteten Kämpfer, die in Kriegen die damals üblichen Zweikämpfe bestritten. Aber auch die Machtstellung der Adeligen wurde infrage gestellt. Statt des Duells kam der Kampf zwischen einer Vielzahl von Kriegern auf, die schwer gerüstet waren und mehrheitlich aus nicht adeligen Bevölkerungsschichten stammten. Diese freien Gemeindeangehörigen, die für ihre Heimat in den Kampf zogen und die Kosten für ihre teure Ausrüstung selbst trugen, forderten ein Mitspracherecht in den Gemeinden und setzten sich durch. Die auf die Schultern mehrerer Bürger verteilte Herrschafts- und Verwaltungsorganisation der Polis fand in den Siedlungsverbänden ganz Griechen-

**Griechenland**

**1850–1600 v. Chr.**
Indogermanische Stämme (Ionier und Aiolier) wandern auf das griechische Festland und die Peloponnes ein; sie besiedeln auch die Inseln der Ägäis

**1200–1000 v. Chr.**
Einwanderung der Dorer, die auf der östlichen Peloponnes, den südlichen Inseln der Ägäis und dem südwestlichen Kleinasien siedeln

**775 v. Chr.**
Erste dokumentierte Olympische Spiele

**750–550 v. Chr.**
Gründungen griechischer Kolonien im Mittelmeerraum und am Schwarzen Meer

**431–404 v. Chr.**
Peloponnesischer Krieg

**359–336 v. Chr.**
Regentschaft Philipps II. von Makedonien

**340 v. Chr.**
Gründung des Hellenenbundes gegen Philipp II.

**338 v. Chr.**
Schlacht von Cheironeia mit Sieg Philipps II. über die Griechen

**337 v. Chr.**
Gründung des Korinthischen Bundes, zu dem sich alle griechischen Städte (außer Sparta) unter dem Patronat Philipps II. zusammenschließen

**336–323 v. Chr.**
Regentschaft Alexanders des Großen

**333 v. Chr.**
Sieg Alexanders bei Issos über die Perser

**330 v. Chr.**
Zerstörung von Persepolis, der Hauptstadt des Perserreichs

**327–325 v. Chr.**
Zug Alexanders mit seinem Heer nach Indien

**323–200 v. Chr.**
Diadochenkämpfe (Kämpfe der Nachfolger Alexanders) und Bildung der Diadochenreiche (Nachfolgereiche des Reichs von Alexander)

**304–64 v. Chr.**
Herrschaft der Seleukiden in Kleinasien und im Vorderen Orient

**304–30 v. Chr.**
Herrschaft der Ptolemäer in Ägypten

**279–168 v. Chr.**
Herrschaft der Antigoniden in Makedonien

**263–133 v. Chr.**
Besteht das Reich von Pergamon

lands Verbreitung, und weit darüber hinaus: Da die Möglichkeiten für Ackerbau und Viehzucht in einer Polis mit wachsender Bevölkerung begrenzt war, gründeten viele Städte im gesamten Mittelmeerraum und am Schwarzen Meer Tochterstädte, die zum Teil mit größerem Hinterland versehen waren und wie ihre Mutterstädte verwaltet wurden. Die größten griechischen

Kolonien entstanden in Unteritalien, das bald als »Magna Graecia« (Großgriechenland) bezeichnet wurde, und auf Sizilien.

Die Entwicklung in den rund 150 griechischen Stadtgemeinden verlief sehr unterschiedlich, wie schon die Beispiele der beiden einflussreichsten Städte Athen und Sparta zeigen. In Athen war es in der Auseinandersetzung um die Machtverteilung ab Mitte des 7. Jahrhunderts v. Chr. wiederholt zur Herrschaft von Tyrannen gekommen, also von Personen, die die politischen Spannungen in der Stadt dazu ausnutzten, die Macht an sich zu reißen. Dem wirkte Anfang des 6. Jahrhunderts v. Chr. der Staatsmann Solon entgegen, der zum versöhnenden Gesetzgeber berufen worden war. Er legte unter anderem den Streit zwischen armen und reichen Bürgern bei, indem er die Versklavung von säumigen Kreditnehmern durch Kreditgeber verbot. Und er schränkte die Adelsmacht dadurch ein, dass er die grundbesitzenden Bürger in vier Klassen einteilte, aus denen dann eine Volksversammlung die Beamten für ein Jahr wählte. Während in Athen auf diese Weise neue, demokratische Wege der Macht- und Verwaltungsorganisation beschritten wurden, hielt Sparta lange am Althergebrachten fest. Immerhin wurden dem alten Doppelkönigtum eine Gruppe von fünf jährlich von einer Heeresversammlung neu gewählten Beamten und ein Rat von 28 Alten an die Seite gestellt. Nach und nach übernahmen diese Männer dann die Regierungsaufgaben. Sprichwörtlich wurde Sparta wegen der äußerst strengen »spartanischen« Erziehung der jungen Männer zu abgehärteten, furchtlosen Kriegern. Sie wurden frühzeitig von ihren Familien getrennt und mussten täglich harte militärische Übungen absolvieren.

Der persische Bronzehelm stammt aus der Beute von der Schlacht bei Marathon am 10. September 490 v. Chr.

So unterschiedlich Athen und Sparta waren, eines verband sie und die anderen griechischen Stadtstaaten: die Feindschaft zu Persien. Die Perser waren bei ihren Eroberungszügen im 6. Jahrhundert v. Chr. bis

Die Tempel auf der Akropolis, dem Burgberg von Athen, wurde nach der Zerstörung durch die Perser 480 v. Chr. wieder aufgebaut.

nach Kleinasien und nach Makedonien im südlichen Balkan vorgedrungen. Damit bestand für die griechischen Siedlungen die unmittelbare Gefahr, von den Persern unterworfen zu werden. Zusammen mit den ionischen Städten erklärten die Griechen den Persern den Krieg, der sich ab 500 v. Chr. mit wechselndem Erfolg über 21 Jahre hinzog. Einen ersten sensationellen Erfolg gegen die bis dato unbesiegten Perser gelang den Griechen unter Athener Führung 490 v. Chr. in der Schlacht bei Marathon. Die Perser ließen aber von ihren Eroberungsplänen nicht ab und schlugen die Griechen zehn Jahre später im August 480 v. Chr. beim Thermopylenpass und drangen plündernd bis nach Athen vor. Bereits einen Monat später jedoch unterlag die persische Flotte den von einem Spartaner geführten Seestreitkräften bei der Insel Salamis unweit von Athen. Aber erst 479 v. Chr., als die Perser auf dem griechischen Festland und vor der Südwestküste Kleinasiens besiegt wurden, gaben sie ihre Absicht, Griechenland zu erobern, auf.

Selbst wenn die äußere Bedrohung dadurch wegfiel, kamen die Griechen nicht zur Ruhe. Von 431 bis 404 v. Chr. bekriegten sie sich im Peloponnesischen Krieg untereinander. Auslöser waren Athens Bestrebungen, seine Führungsstellung in Griechenland auszubauen. So unterstützten die Athener unter anderem einige Kolonien gegen ihre griechischen Mutterstädte. Sie wollten diese schwächen und provozierten damit jedoch nur ein gegen Athen gerichtetes Bündnis vieler griechischer Städte unter der Führung von Sparta. Nach zahlreichen Kämpfen, die auf dem Meer, auf dem Lande und auch in den Kolonien ausgetragen wurden, unterlag Athen 404 v. Chr. seinen Gegnern. Die kriegerischen Auseinandersetzungen setzten sich aber noch lange fort, wobei sich Theben Anfang des 4. Jahrhunderts v. Chr. zur dritten griechischen Großmacht entwickelte.

### Griechische Kultur

Trotz der ständigen Kriege erlebten die griechischen Siedlungsgemeinschaften in dieser Zeit eine einzigartige kulturelle Blüte. Bereits im 6. Jahrhundert v. Chr. hatten ionische Denker damit begonnen, die Welt unabhängig von mythischen Voraussetzungen zu betrachten. So führten sie zum Beispiel Naturerscheinungen nicht auf göttliches Wirken zurück, sondern erklärten sie abstrakt: Sie begannen sie mit neu entwickelten Methoden zahlenmäßig zu erfassen, zu messen und zu berechnen. Kurz: Sie legten die Grundlagen zu einer naturwissenschaftlichen Weltsicht. Philosophen wie Platon und sein Schüler Aristoteles versuchten im 4. Jahrhundert v. Chr. in Athen, die Menschen anzuleiten, sich gedanklich mit der Welt und der eigenen Existenz auseinanderzusetzen. Andere wiederum wie die Stoiker leiteten ebenfalls in Athen ihre Zeitgenossen dazu an, das Geschehen in der Welt mit Abstand zu betrachten und allen Widrigkeiten des Lebens mit der bald schon sprichwörtlichen stoischen Gelassenheit zu begegnen. In diese Zeit fallen auch die großen Erfolge des griechischen Theaters, das im späten 6. Jahrhundert v. Chr. zunächst aus Rezitationen von Dichtungen im Rahmen

Demosthenes hielt flammende Reden für die alten Werte Athens und gegen Makedonien. Römische Kopie einer Ehrenstatue des Redners

von kultischen Handlungen entstanden war. Im Laufe der Zeit ließen Versdichter immer öfter Einzelpersonen aus dem vortragenden Chor heraustreten und auf einer Bühne gemeinsam Handlungen darstellen. Wie das Theater so hat auch die im griechischen Sizilien ausgebildete Rhetorik die europäische Kultur entscheidend geprägt. Die »Kunst der Rede« diente zunächst der Verteidigung von persönlichen Ansprüchen in Rechtsstreitigkeiten. Schon bald fand sie aber auch in politische Auseinandersetzungen Eingang. In diesem Bereich wurde die Redekunst von Demosthenes (384–322 v. Chr.) zu höchster Blüte geführt. In zahlreichen Reden wetterte er gegen das Machtstreben und die Kulturlosigkeit der Makedonier, die als Volk von Hirten und Bauern seiner Meinung nach den kultivierten Griechen geistig weit unterlegen waren. Er konnte allerdings nicht verhindern, dass ausgerechnet der von ihm wortreich bekämpfte makedonische – und damit nicht griechische – König Philipp und dessen Sohn Alexander der Große der griechischen Kultur in der damals bekannten Welt eine beispiellose Verbreitung bescherten. Heute gelten die beiden Herrscher als diejenigen, die die Epoche des Hellenismus (wörtlich: des Griechentums) einleiteten.

### Die Zeit des Hellenismus

Die Zeit des Hellenismus ist zunächst vor allem von ausgedehnten Eroberungszügen geprägt. Nachdem Philipp II. von Makedonien (359–336 v. Chr.) zunächst gegen Athen vorgegangen war, zeigte er bald einen geschickten Umgang mit den Griechen. Er brachte ein Bündnis mit ihnen gegen Persien zustande, das allerdings nicht lange hielt. Sein Sohn und Nachfolger Alexander der Große, der 336 v. Chr. die Macht übernahm, musste die Griechen erst mit Gewalt unterwerfen, bevor er wie sein Vater gegen das Perserreich vorgehen konnte. Dann aber legte er eine bis dahin unbekannte kriegerische Energie an den Tag. Inner-

Das Mosaik aus dem 2. Jh. v. Chr. stellt Alexander den Großen während der Schlacht bei Issos 333 v. Chr. gegen die Perser dar.

halb von elf Jahren eroberte er mit seinem Heer zunächst das gesamte Perserreich, unterwarf Syrien und Ägypten und drang schließlich nach Osten bis in das heutige Afghanistan und in den Norden des indischen Subkontinents vor. Alexander war von einem ungeheuren Sendungsbewusstsein beherrscht. Er sah sich als Nachkomme des homerischen Helden Achill und wollte es ihm gleichtun. Zudem verfügte er über Organisationstalent und zielte darauf ab, sein riesiges Reich von Griechen und Persern gemeinsam verwalten zu lassen. Die Amtssprache Griechisch fand damit im gesamten Orient bis an die Grenzen Indiens Verbreitung. Alexander hatte an vieles gedacht, nur nicht an seine eigene Vergänglichkeit. Als er 323 v. Chr. im Alter von nur 33 Jahren starb, war sein Sohn und potenzieller Nachfolger noch nicht geboren. Er kam erst wenige Wochen nach dem Tod seines Vaters zur Welt und hatte später keine Chance, sich gegenüber den Mächtigen im Reich durchzusetzen. Nach langen Kämpfen teilten schließlich Alexanders Heerführer das Reich unter sich auf. Einer der erfolgreichsten seiner Nachfolger (griechisch: Diadochen) war Ptolemäus in Ägypten. Die Herrschaft der von ihm begründeten Dynastie der Ptolemäer sollte erst mit dem Tod

Die Szene am Zeusaltar aus Pergamon zeigt den Kampf zwischen den Meeresgöttern und den Giganten. Der Altar wurde von 197 bis 159 v. Chr. errichtet.

von Königin Kleopatra 30 v. Chr. enden. In Makedonien übernahmen die Antigoniden die Macht, und die Seleukiden herrschten über das größte Diadochenreich, das sich von Persien bis nach Kleinasien erstreckte und bald in kleinere Herrschaften zerfiel. Eines dieser Teilreiche war das Königreich Pergamon an der Westküste Kleinasiens, das einen Eindruck von dem Glanz des Hellenismus vermittelt. In Pergamon entstanden nicht nur wie auch in anderen Hauptstädten der Diadochenreiche prachtvolle Bauten. Es wurde darüber hinaus wie das ägyptische Alexandria Standort einer der größten Bibliotheken seiner Zeit und überhaupt zur »Stadt der Buchkunst«. In Pergamon nämlich wurde aus Tierhäuten das Material entwickelt, auf dem über Jahrhunderte geschrieben werden sollte und das den Namen der Stadt in der ganzen Welt bekannt machte: das Pergament.

Doch es war keine friedliche Zeit. Die Diadochenreiche der Antigoniden und Seleukiden hatten über die Jahrhunderte hinweg nicht nur mit Angriffen asiatischer Völkerschaften zu kämpfen. Von ihnen weitgehend unbemerkt hatten im Westen des Mittelmeers die Römer ein Reich etabliert, das maßgeblich zu ihrem Untergang beitragen sollte.

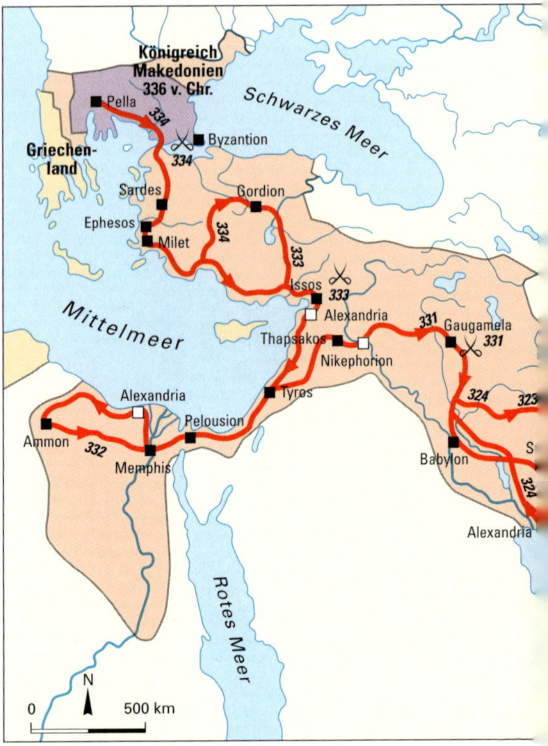


## Die Anfänge Roms

So einprägsam der Merkspruch »7-5-3, Rom schlüpft aus dem Ei« auch ist, das Jahr 753 v. Chr. gehört als Gründungsjahr Roms in den Bereich der Mythen. Und auch die Geschichte von der Wölfin, die Romulus, den vorgeblich ersten König Roms, und seinen Zwillingsbruder Remus vor dem Verhungern bewahrte, ist nichts weiter als eine von den Römern gerne erzählte Fabel. Die Wirklichkeit war weit prosaischer.

Im westlichen Mittelmeer waren bis ins 6. Jahrhundert v. Chr. zwei Mächte beherrschend: zum einen die griechischen Kolonien in Süditalien und Sizilien, an der Ostküste der Iberischen Halbinsel und in Südfrankreich; und zum andern Karthago, eine Gründung

Die Eroberungszüge Alexanders des Großen, der von 336 bis 323 v. Chr. herrschte, sowie seines Admirals Nearchos und seines Feldherrn Krateroser streckten sich über ein riesiges Gebiet.

der Phönizier in Nordafrika, die sich gegen die Handelsmacht der griechischen Kolonien richtete und diese heftig bekämpfte. Der größte Teil der Apenninen-Halbinsel war von diesen Entwicklungen unberührt geblieben. Ab dem 9. Jahrhundert v. Chr. war dort das Volk der Etrusker vermutlich aus Asien eingewandert und hatte das Gebiet zwischen Arno und Tiber von der ursprünglichen italischen Bevölkerung erobert. Entlang des Tibers vereinigten sich die italischen Stämme der Latiner und Sabiner zu einer Stadtgemeinde, die unter etruskischem Einfluss stand, was nicht zuletzt in ihrem Namen zum Ausdruck kam: »Rom« leitet sich von dem etruskischen Stamm der »Ruma« ab. Die Stadt wurde zunächst von Königen regiert, bis Ende

Die Kapitolinische Wölfin ist eine lebensgroße Bronzefigur einer Gruppe, deren Datierung unsicher ist. Die Wölfin soll nach römischer Überlieferung Romulus, den Gründer der Stadt Rom, und seinen Bruder Remus gesäugt und damit vor dem Tod bewahrt haben.

des 6. Jahrhunderts v. Chr. die Bewohner Roms und einiger Städte Latiums gegen die Etrusker revoltierten und 509 v. Chr. auch den letzten ihrer Könige vertrieben. Von nun an sollte in Rom das Volk bestimmen.

### Der Senat und das Volk von Rom

Die Idee war einfach: Über sämtliche Angelegenheiten, die alle Menschen in der Siedlungsgemeinschaft etwas angingen, sollten Vertreter des Volkes befinden. Für die Aufgabe über Steuern, Finanzverwaltung, Gesetze sowie Krieg und Frieden zu entscheiden, wurden in Rom daher zwei Volksvertretungen eingerichtet: der Senat und die Volksversammlung. Sie berieten und wählten die Beamten, die im Magistrat zusammengefasst waren, und die Konsuln, die als oberste Beamte dem Magistrat vorstanden. Von den öffentlichen Angelegenheiten, den *res publica,* mit denen sie sich befassten, hat die römische Form der Regierung und Verwaltung ihren Namen: Republik.

Grundvoraussetzung für die Mitgliedschaft in den Volksvertretungen war das römische Bürgerrecht, das zunächst nur die Bewohner Roms besaßen, nicht jedoch die Bevölkerung der verbündeten umliegenden Städte. Während der Senat aus den Oberhäuptern der verschiedenen römischen Stämme und ehemaligen Konsularbeamten bestand, setzte sich die Volksversammlung aus Bürgern zusammen, die je nach Größe ihres Grundbesitzes einer von fünf verschiedenen Vermögensklassen angehörten. Da sie für die Verteidigung zu sorgen hatten, gehörten sie zugleich einer von 193 militärischen Hundertschaften an. Auch in ihnen spielte der Grundbesitz eine Rolle, denn jeder Bürger musste seine Kampfausrüstung selbst stellen. Die Reichsten bildeten die 18 Hundertschaften der Reiter und die 80 der Schwerbewaffneten. Die weniger vermögenden Bürger verteilten sich auf die übrigen 95 Hundertschaften. Wenn es zu Abstimmungen kam, hatten die Reichen folglich eine Mehrheit, sodass sich die übrigen Bürger benachteiligt sahen. Auch die Bevölkerung, die nicht über das Bürgerrecht verfügte, sah sich übergangen und revoltierte. Nach heftigen Auseinandersetzungen wurden dem Volk schließlich mit den Volkstribunen Vertreter zugestanden, die für seine Interessen gegenüber Volksversammlung und Senat eintraten.

Ungeachtet dieser inneren Konflikte, erwies sich das auf eine starke Streitkraft gestützte System als erfolgreich. Bis zum Anfang des 3. Jahrhunderts v. Chr. hatten die Römer die Halbinsel bis an die nördliche Grenze des Apennin erobert und mit Billigung Karthagos sogar die Griechen im Süden unterworfen. Die Eintracht mit den Karthagern endete jedoch mit den beiderseitigen Herrschaftsansprüchen auf Sizilien. Der Interessenkonflikt mündete in die drei Punischen Kriege, deren Bezeichnung sich vom lateinischen Begriff für Phönizier – »Punier« – herleitet. Rom entschied sie allesamt für sich. Der erste Punische Krieg (264–241 v. Chr.) bestand in einer Auseinandersetzung der Seestreitkräfte, an deren Ende Rom Sizilien zugesprochen bekam. Da die Römer anschließend auch die zu Karthago gehörenden Inseln Korsika und Sardinien einnahmen, verlegte sich die nordafrikanische Großmacht auf eine Eroberung der Iberischen Halbinsel. Von dort aus begann der Karthager Hannibal mit seinem spektakulären Zug über die Alpen gegen Rom den zweiten Punischen Krieg (218–201 v. Chr.), in dem die römischen Streitkräfte zunächst unterlagen. Erst als die Römer die Kampfhandlungen auf die Iberische Halbinsel und nach Nordafrika verlagerten, konnten sie den Ausgang des Kriegs für sich entscheiden. Rom war nun im westlichen Mittelmeer zum beherrschenden Machtfaktor geworden. Nachdem die Römer in dem von ihnen provozierten dritten Punischen Krieg (149–146 v. Chr.) Karthago zerstört und die Provinz *Africa* errichtet hatten, war das westliche Mittelmeer quasi ein römisches Binnenmeer. Und selbst im Osten drangen die römischen Armeen immer weiter vor. Als sich die Karthager im zweiten Punischen Krieg mit den Makedoniern verbündet hatten, waren die Römer auch gegen sie vorgegangen und hatten sie besiegt. Weitere siegreiche Feldzüge in Griechenland schlossen sich an und führten die Römer bis nach Kleinasien, wo sie auf dem Boden des Seleukidenreichs 129 v. Chr. die Provinz *Asia* errichteten.

### Die Zeit der Bürgerkriege

So erfolgreich sich die Entwicklung von außen darstellte, im Inneren des Römischen Reichs taten sich gewaltige Probleme auf: Um nur der dringendsten Schwierigkeiten Herr zu werden, sah sich der Senat zum Beispiel gezwungen, Beamte länger als das übliche Jahr im Amt zu belassen und auf Personen zurückzugreifen, die rigoros durchgriffen. Mit der Zeit wurden diese aber immer selbstbewusster und damit schwerer kontrollierbar. Auch die Gouverneure der Provinzen bereiteten Probleme. Sie versuchten, in ihren kurzen Amtszeiten so viel Geld wie möglich aus ihren Posten herauszuschlagen und pressten die Bevölkerung mit Abgaben förmlich aus – mit entsprechenden Folgen für das Ansehen Roms. In Rom erregte es wiederum bei der Bevölkerung ohne Bürgerrecht Missfallen, dass immer mehr Vertreter der besiegten

Völkerschaften das römische Bürgerrecht verliehen bekamen und ihnen gegenüber privilegiert waren. Zum beherrschenden Problem entwickelte sich aber die wirtschaftliche Not der Bevölkerung im Reich, die unter den Belastungen durch die Kriege litt. Die Reformbemühungen der Brüder Gaius und Tiberius Gracchus, die als Volkstribunen von 133 bis 121 v. Chr. der besitzlosen Bevölkerung auf Kosten der Großgrundbesitzer wirtschaftliche Absicherung bieten wollten, gerieten zum Streitpunkt, der das römische Gemeinwesen vor eine Zerreißprobe stellte. Viele Adelige und der Senat waren gegen die geplanten Landzuweisungen. Allerdings gab es auch Adelige, die die Forderungen des Volkes unterstützten. Schließlich gelang es dem Senat mit dem Feldherrn Sulla seine Interessen mit Gewalt durchzusetzen. Sulla ließ von 82 bis 79 v. Chr. sämtliche Gegner des Senats rigoros beseitigen. Nach dem Tod Sullas gelang es erst dem Dreierbündnis (Triumvirat) des Feldherrn Pompejus mit dem Volksführer Caesar und dem Finanzspezialisten Crassus 60 v. Chr. die Bürgerkriegszustände einzudämmen. Wenig später wurden aber auch sie zu Feinden. Während Caesar als Feldherr Gallien eroberte, ernannte der Senat Pompejus zum alleinigen Konsul und verlieh ihm diktatorische Vollmachten. Dagegen ging Caesar vor, der mit seinem Heer 49 v. Chr. auf die Apenninen-Halbinsel einfiel und die Truppen des Pompejus und seiner Anhänger bis in die Provinzen und nach Ägypten verfolgte und besiegte. Erst nachdem Caesar 46 v. Chr. zum Diktator auf zehn Jahre ernannt wurde, gelang es ihm durch umfassende Gesetzgebung und eine Neuordnung der Provinzialverwaltung im Römischen Reich wieder weitgehend Ruhe herzustellen. Caesar machte sich mit seinen Entscheidungen allerdings nicht nur Freunde. Bereits 44 v. Chr. wurde er von einer Reihe Verschwörer ermordet.

Porträtbüste stellt Gaius Iulius Caesar dar, Ende des 1. Jh. v. Chr.

## Römische Kultur

Neben den Griechen haben die Römer die europäische Kultur maßgeblich geprägt, wenn auch in etwas anderer Weise. Im Unterschied zu den Hellenen sahen sie ihre Stärken in der Entwicklung von Dingen, die der praktischen Gestaltung des Lebens nutzten. Nicht die verfeinerte Geistigkeit der Griechen, sondern die bodenständigen Werte der Römer sollten ihrer Meinung nach gepflegt werden. Der römische Traditionalist Marcus Portius Cato († 149 v. Chr.) verfasste ein in diesem Zusammenhang programmatisches Buch *Über den Ackerbau.* In diesem Sinne können auch die Entwicklung der Wasserleitungen (Aquädukte) und der Ausbau eines Netzes befestigter Straßen als ureigene römische Errungenschaften gewertet werden. Selbst die Ausarbeitung des römischen Rechts weist jenen viel beschworenen pragmatischen Zug auf. Die kontinuierliche Fixierung der Rechte aller römischen Bürger und der von ihnen eroberten Völker machte es zur Grundlage der europäischen Rechtskultur. Und der julianische Kalender wurde zwar von ägyptischen Gelehrten entwickelt, aber von dem römischen Diktator Caesar in seiner Nützlichkeit erkannt und im gesamten römischen Herrschaftsgebiet durchgesetzt.

Und dennoch: Was die literarische Kultur anbelangt, waren die Römer von den Griechen abhängig. Denn mit den Eroberungen im Osten kamen gelehrte Griechen als Sklaven in die römischen Haushalte, denen der Unterricht der Kinder anvertraut wurde – mit nachhaltiger Wirkung: kein römischer Autor, der nicht einen Griechen als sein Vorbild nannte. Cicero sah sich als Redner in der Tradition des großen Demosthenes stehen und hielt es in philosophischen Fragen mit den Stoikern, der Lyriker Horaz berief sich gleich auf mehrere griechische Vorbilder, und der Ependichter Vergil erwies nicht zuletzt mit dem Gegenstand seiner *Aeneis* Homer seine Referenz. Er berichtet in dem Werk von der Fahrt des trojanischen Helden Aeneas über Kartha-

**Rom**

**um 750 v. Chr.**
Gründung Roms
**750–510 v. Chr.**
Herrschaft der sieben Könige über Rom (Romulus, Numa Pompilius, Tullus Hostilius, Ancus Marcius, Tarquinius Priscus, Servius Tullius, Tarquinius Superbus)
**450 v. Chr.**
Schriftliche Fixierung des römischen Gewohnheitsrechts = Zwölftafelgesetz
**264–241 v. Chr.**
Erster Punischer Krieg
**218–201 v. Chr.**
Zweiter Punischer Krieg
**216 v. Chr.**
2. August: Schlacht bei Cannae; schwerste Niederlage in der Geschichte Roms gegen Hannibal
**149–146 v. Chr.**
Dritter Punischer Krieg
**146 v. Chr.**
Eroberung und Zerstörung Karthagos
**133–121 v. Chr.**
Reformbewegung der Volkstribunen Gaius und Tiberius Gracchus
**49–46 v. Chr.**
Bürgerkrieg und Vorgehen Caesars gegen Pompejus
**44 v. Chr.**
15. März (»Iden des März«): Ermordung Caesars
**27 v. Chr.**
Ende des Bürgerkriegs; Wiederherstellung der Republik und Verleihung des Ehrentitels »Augustus« an Octavian, den Adoptivsohn Caesars
**27 v. Chr. – 14 n. Chr.**
Regiert Octavian Augustus, der den Prinzipat begründet
**14–68 n. Chr.**
Besteht die Julisch-claudische Dynastie (Tiberius, Caligula, Claudius, Nero Claudius)
**96–192 n. Chr.**
Herrschaft der Adoptivkaiser (Nerva, Trajan, Hadrian, Antoinius Pius, Marc Aurel, Commodus)
**235–305 n. Chr.**
Herrschaft der Soldatenkaiser
**284–305 n. Chr.**
Herrschaft Kaiser Diocletians; umfassende Reichsreform mit Einteilung des Reichs in zwölf Diözesen (Verwaltungsbezirke)
**313–337 n. Chr.**
Herrschaft Kaiser Konstantins des Großen, ab 324 im Gesamtreich
**330 n. Chr.**
Byzanz wird zur zweiten Reichshauptstadt
**380 n. Chr.**
Christentum, ab 313 offiziell anerkannt, wird römische Staatsreligion
**476 n. Chr.**
Absetzung von Kaiser Romulus Augustulus durch den Heerführer Odowakar; Ende des Weströmischen Reichs

go und Sizilien nach Latium, wo dessen Nachkommen Rom gründen sollten. Die *Aeneis* erscheint so als lateinische, aus trojanischer Perspektive geschriebene Fortführung der in der *Ilias* geschilderten Ereignisse.

Die Kopie einer zu Lebzeiten des Imperators angefertigten Statue zeigt Kaiser Augustus. Rom, nach 14 n. Chr.

## Die Kaiserzeit

Aus dem Bürgerkrieg, der auf die Ermordung Caesars folgte, ging Octavian, der Großneffe und Adoptivsohn Caesars, siegreich hervor. Seinen letzen bedeutenden Rivalen Marcus Antonius, der die ägyptische Königin Kleopatra geheiratet hatte, schlug er 31 v. Chr. in der Seeschlacht bei Actium und machte kurz darauf Ägypten zur römischen Provinz. Als Octavian nach Rom zurückkehrte, verstand er es, seine Macht mit Unterstützung der alten republikanischen Institutionen Senat, Volksversammlung, Magistrat und Volkstribune zu festigen. Octavian, der 23 v. Chr. den Beinamen »Augustus« (der Erhabene) erhielt, brachte es so weit, dass er die Funktionen der höchsten Ämter in seiner Person vereinte. Schließlich bekam er sogar das Amt des geistlichen Oberhaupts übertragen. Auch wenn er sich nur als »Princeps« (Erster) des Reichs bezeichnete, war er de facto ein Monarch und begründete das römische Kaisertum. In den ersten zwei Jahrhunderten n. Chr. erlebt Rom unter seinen Kaisern trotz unberechenbarer Gewaltherrscher wie Caligula (Regentschaft 37–41 n. Chr.) und Nero (Regentschaft 45–68 n. Chr.) eine Glanzzeit. Ab der Herrschaft Kaiser Nervas von 96 bis 98 n. Chr. gingen die Kaiser für rund 90 Jahre dazu über, einen der bewährtesten Männer des Reichs auszuwählen und durch Adoption zu ihrem Nachfolger zu bestimmen. Unter den sogenannten Adoptivkaisern Trajan, Hadrian und Marc Aurel erreichte das Römische Reich seine größte Ausdehnung: Es erstreckte sich vom Norden Englands bis nach Afrika, von der Iberischen Halbinsel bis in den Vorderen Orient. Mit der Zeit erwies sich dieses Reich allerdings als immer schwieriger zu regieren. In der Überzeugung, nur sie könnten der Lage Herr werden, ließen sich bald Generäle von ihren Truppenverbänden zu Kaisern erheben. Diese »Soldatenkaiser« konnten sich aber nie im gesamten Reich durchsetzen. Erst Kaiser Domitian (Regentschaft 284–305 n. Chr.) gelang es, eine reichsweite Regierungs- und Verwaltungsreform durchzuführen, die erstmals eine Teilung des Reichs in einen westlichen und einen östlichen Herrschaftsbereich vorsah. Anschließend sollten nur Kaiser Konstantin (Regentschaft 324–337 n. Chr.) und kurzzeitig Kaiser Theodosius (395 n. Chr.) noch einmal das gesamte Reich regieren. Von da an gingen der Osten mit der von Konstantin gegründeten Hauptstadt Konstantinopel und der Westen mit dem Regierungssitz in Mailand und ab 404 n. Chr. in Ravenna getrennte Wege. Beide Reichsteile standen jedoch weiterhin vor den gleichen Problemen: Die Verwaltung und die Sicherung der Reichsgrenzen verursachten sehr hohe Kosten, die nur noch schwer aufzubringen waren. Da sich ihre Untertanen gegen die übermäßige steuerliche Belastung wehrten, gelang es den römischen Kaisern des 4. und 5. Jahrhunderts kaum noch, die Verteidigung des Reichs aufrechtzuerhalten. Als 375 n. Chr. die asiatischen Reiterscharen der Hunnen in Europa einfielen und die germanischen Stämme im Verlauf der durch sie ausgelösten Völkerwanderung auf römisches Gebiet vordrangen, konnten die beiden Kaiser ihnen kaum noch Widerstand entgegensetzen. Mit der Völkerwanderung ging das Weströmische Reich unter. Der letzte weströmische Kaiser Romulus Augustulus wurde 476 n. Chr. von einem germanischen Heerführer abgesetzt.

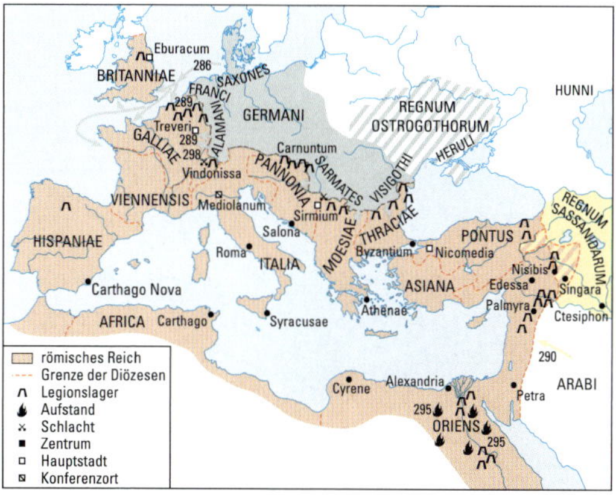


Das Römische Reich in der Zeit, als Kaiser Diokletian herrschte (284–305 n. Chr.)

## Die Völkerwanderung

Zwei Jahrhunderte chaotischer Zustände stehen am Anfang einer neuen Epoche: Ab dem späten 4. Jahrhundert n. Chr. begannen sich auf dem europäischen Kontinent neue Herrschaftskomplexe zu formieren. Auslöser dieser Vorgänge waren hunnische Reiterverbände aus Mittelasien. Sie fielen 375 n. Chr. auf der Suche nach Siedlungsraum über die Krim nach Europa ein und lösten die sogenannte Völkerwanderung aus. Raubend und plündernd kämpften sich die Hunnen bis in den Westen des Kontinents vor. Erst in der römischen Provinz Gallien trafen sie auf Truppenverbände, die sich ihnen erfolgreich entgegenstellten. Diese besiegten die Hunnen 451 in der Schlacht auf den Katalaunischen Feldern im Norden des heutigen Frankreich. Anschließend war die Macht der hunnischen Kampfverbände gebrochen. Sie zogen nach Norditalien und lösten sich dort nach dem Tod ihres Anführers Attila im Jahre 453 auf.

In den rund 80 Jahren hunnischer Eroberungszüge in Europa entwickelten sich viele zuvor allenfalls regional bedeutsame Volksstämme zu wichtigen euro-

Das Mausoleum des Ostgotenherrschers Theoderich in Ravenna ist die einzige erhaltene Grablege eines Königs aus der Völkerwanderungszeit.

**Völkerwanderung**

**375 n. Chr.**
Hunnen fallen auf der Suche nach Siedlungsgebiet über die Krim nach Europa ein
**410 n. Chr.**
Plünderung Roms durch die Westgoten
**429–534 n. Chr.**
Besteht das Vandalenreich in Afrika
**451 n. Chr.**
Niederlage der Hunnen auf den Katalaunischen Feldern
**453 n. Chr.**
Auflösung der hunnischen Verbände nach Tod ihres Anführers Attila
**455 n. Chr.**
Plünderung Roms durch die Vandalen
**493–534 n. Chr.**
Besteht das Reich der Ostgoten in Italien
**493–526 n. Chr.**
Herrschaft des Ostgoten Theoderich des Großen
**419–507 n. Chr.**
Besteht das Tolosanische Reich (Hauptstadt: Toulouse) der Westgoten zwischen der Garonne und den Pyrenäen
**507–711 n. Chr.**
Besteht das Toledanisch Reich (Hauptstadt: Toldeo) der Westgoten auf der Iberischen Halbinsel
**568–774 n. Chr.**
Besteht das Langobardenreich in Italien (Hauptstadt: Pavia)

päischen Mächten. Die Westgoten hatten beispielsweise beim Einfall der Hunnen nördlich der unteren Donau gesiedelt. Als sie sich vor den Hunnen über den Fluss auf oströmisches Gebiet retteten, hofften sie, sich dort auf Dauer niederlassen zu können. Da sich die Regierung in Konstantinopel aber nicht dazu durchringen konnte, ihnen dafür ein Territorium zuzuweisen, zogen die Westgoten kämpfend durch die Lande, sorgten schließlich auch im Westteil des Römischen Reichs für Unruhe und plünderten unter anderem Rom (410). Mit Zustimmung des weströmischen Kaisers Honorius (Regentschaft 395–423) siedelten sie sich schließlich im südlichen Gallien an. Nach Kämpfen mit dem dort benachbarten Volk der Franken zogen sie 507 noch einmal weiter und gründeten auf der Iberischen Halbinsel ein Reich mit der Hauptstadt Toledo, das bis zum Einfall der Araber in Spanien 711 Bestand hatte.

Die Ostgoten, die auf der Krim gesiedelt hatten, verfuhren anders: Sie unterwarfen sich den Hunnen und zogen gemeinsam mit ihnen durch Europa. Ihre Eigenständigkeit erlangten sie erst nach dem Tod Attilas in Norditalien. Auch sie befanden sich nun auf römischem Territorium, wo sie ihr Anführer Theoderich (um 454–526) zu ungeahnten Erfolgen führte. Theoderich nämlich gelang es mit Rückhalt aus Konstantinopel den Truppenführer Odowakar zu beseitigen, der den letzten weströmischen Kaiser Romulus Augustulus 476 abgesetzt und die Macht usurpiert hatte. Theoderich nahm nun Odowakars Position ein, sicherte sich die Herrschaft über die gesamte Apenninen-Halbinsel und bezog die kaiserliche Residenz in Ravenna. Die Herrschaft über die weströmischen Territorien war nun vollkommen in der Hand germanischer Stämme. Und selbst in der römischen Provinz *Africa* hatten Germanen die Macht übernommen: Die Vandalen waren auf der Suche nach Siedlungsgebieten von der heutigen Slowakei aus durch Gallien und Spanien gezogen, hatten nach Afrika übergesetzt und 429 die dortige römische Provinz unterworfen. Bald schon kontrollierten sie den Schiffsverkehr im westlichen Mittelmeer. 455 plünderten die Vandalen bei einem Vorstoß auf die Apenninen-Halbinsel sogar Rom, was ihren den sprichwörtlichen Ruf eingebracht hat, hemmungslose Zerstörer zu sein.

Die Kaiser in Konstantinopel, die sich als Erben der römischen Imperatoren sahen, versuchten zwar, ihre Ansprüche auf den Westen des Reichs zu wahren, konnten sie aber letztlich nicht durchsetzen. Obwohl ihre Feldherren Belisar und Narses die Vandalen (533) und die Ostgoten (553) besiegten, konnten sie ihre Macht im Westen des Reichs nicht wiederherstellen. Im Gegenteil: 568 brachen die Langobarden, die ursprünglich an der unteren Elbe gesiedelt hatten, als letzter Germanenstamm der Völkerwanderung in den Norden der Apenninen-Halbinsel ein. Sie gründeten ein Reich mit der Hauptstadt Pavia und begannen, weiter in den Süden vorzudringen. Spätestens damals wurde den Kaisern in Konstantinopel bewusst, dass sie den westlichen Teil des Römischen Reichs verloren geben mussten.

### Die Christianisierung Europas

Die Grundlagen für ein christliches Europa wurden im Römischen Reich gelegt. Dort hat das Christentum bereits im 1. Jahrhundert n. Chr. zahlreiche Anhänger gefunden. Immer mehr Menschen wandten sich von der offiziellen Religion des Römischen Reichs ab, denn in den Zeremonien und im Kaiserkult fanden sie keine überzeugenden Antworten auf so grundlegende Fragen wie etwa die nach dem Sinn des Lebens. Diese versprach die Lehre einer neuen Glaubensgemeinschaft. Sie ging von einem in Palästina wirkenden jüdischen Wanderprediger aus – Jesus von Nazareth, dem seine Anhänger den Ehrentitel Christus (von griechisch »der Gesalbte«) verliehen. Seine Lehre war unmittelbar verständlich: Jesus Christus kündigte das Reich des einen (von den Juden verehrten) Gottes an, das nach dem Ende der Welt kommen werde; er sprach von dem Gottesgericht, vor dem jeder Mensch nach seinem Tod für seinen Lebenswandel zur Rechenschaft gezogen werde; er stellte allen Menschen ein ewiges Leben in Aussicht, die sich ihm anschlössen; und er lebte vor, wie sich die Menschen durch liebevolle Zuwendung zu ihren Mitmenschen ein friedvolles Zusammenleben ermöglichen konnten.

Die Darstellung des »Guten Hirten«, der im Christentum für Jesus Christus steht, stammt aus der Katakombe San Callisto in Rom, Mitte des 3. Jh. n. Chr.

Nach dem Kreuzestod von Jesus Christus im Alter von nur etwa 30 Jahren begannen seine engsten Vertrauten, die Apostel, seine Lehre zu verbreiten und fanden rasch Anhänger. Sie gründeten daraufhin im ganzen Römischen Reich Gemeinden, um die Erinnerung

Christus übergibt Petrus und Paulus das Gesetz. Ausschnitt aus einem Fries des Sarkophags des römischen Stadtpräfekten Junius Bassus, Mitte des 4. Jh. n. Chr.

an Jesus und seine Lehre wachzuhalten und die Menschen auf das kommende Reich Gottes vorzubereiten. Selbst wenn diese Gemeinden wiederholt Anfeindungen und Verfolgungen ausgesetzt waren, wuchsen sie stetig. So gewannen die Christen in der Bevölkerung des Römischen Reichs zunehmend an Einfluss.

Kaiser Konstantin I. (Regentschaft 324–337) begriff frühzeitig, dass eine gemeinsame religiöse Grundlage für den Rückhalt von Herrschern in der Gesellschaft von großer Bedeutung ist. Durch seine Mutter Helena, einer Christin, stand er der Lehre Christi nahe. 313 erkannte er das Christentum dann offiziell als Glaubensgemeinschaft in seinem Reich an. Wie alle römischen Kaiser verfügte Konstantin über das *ius in sacris* (Recht in heiligen Angelegenheiten) und konnte so auf Glaubensentscheidungen in der christlichen Gemeinschaft Einfluss nehmen. Er und vor allem seine Nachfolger haben von diesem Recht vielfach Gebrauch gemacht – insbesondere, nachdem Kaiser Theodosius (Regentschaft 379–395) das Christentum im Jahre 380 zur römischen Staatsreligion erklärte.

**Christianisierung**

**33 n. Chr.**
Kreuzigung von Jesus Christus
**64 n. Chr.**
Tod des Apostels Simon Petrus
**10–64 n. Chr.**
Lebt Apostel Paulus, ab etwa 30 n. Chr. Anhänger Jesu und Missionar nach dessen Tod
**313 n. Chr.**
Kaiser Konstantin I. erkennt das Christentum an
**380 n. Chr.**
Kaiser Theodosius erklärt das Christentum zur Staatsreligion
**529 n. Chr.**
Benedikt von Nursia gründet das Kloster Monte Cassino zwischen Rom und Neapel
**590–604 n. Chr.**
Pontifikat Papst Gregors I.; er leitet die Missionierung und damit die Christianisierung Europas in großem Stil ein

Damit war der Konflikt der Kaiser mit den Gemeindeoberen von Rom, den Päpsten, unvermeidlich. Sie nahmen nämlich für sich in Anspruch, die zentralen Lehrautoritäten in der Christenheit zu sein. Ihre Gemeinde war schließlich eine der ältesten und größten, pflegte die Gräber der Apostel Petrus und Paulus in Rom und lag im Machtzentrum des Römischen Reichs. In Rom waren daher bereits zahlreiche Versammlungen von Gemeindeoberen aus der ganzen Christenheit abgehalten worden.

Die Konflikte, die aus den beiderseitigen Ansprüchen zwischen Päpsten und Kaisern entstanden und wortreich ausgefochten wurden, waren jedoch nicht auf konfessionelle Fragen begrenzt. Als im Westen des Reichs unter den Germaneneinfällen die Macht der Kaiser schwand, übernahmen die Päpste und die Kirche zunehmend weltliche Aufgaben wie die Verwaltung, Verteidigung und Verpflegung der Bevölkerung auf der Apenninen-Halbinsel. So ordnete beispielsweise Papst Gregor I. (Pontifikat 590–604) in einer Notlage die Versorgung der Bevölkerung aus kirchlichen Gütern an und verschaffte sich damit hohes Ansehen. Berühmt wurde Gregor I. aber vor allem als »Vater Europas«, weil er die Missionierung Spaniens, Galliens und insbesondere der britischen Inseln einleitete. Er legte so die Grundlagen für die einigende römisch-katholische Christianisierung Mitteleuropas, die in den folgenden Jahrhunderten vor allem von Britannien ausgehen sollte. Der seelsorgerische Aspekt spielte bei Gregors Initiative zur Missionierung zweifellos eine wichtige Rolle. Ausschlaggebend war für Papst Gregor jedoch auch, dass er auf diese Weise seine Machtstellung gegenüber der kaiserlichen Regierung in Konstantinopel stärken konnte. Denn er gewann dadurch in den Gebieten Rückhalt, in denen die kaiserliche Regierung keinen Einfluss mehr besaß. Der Westen Europas nämlich hatte sich dem oströmischen Kaiser vollkommen entfremdet.

Der Kopf einer Kolossalstatue Kaiser Konstantins befand sich ursprünglich in der Maxentius-Basilika in Rom. Die Fragmente der Statue werden heute im Konservatorenpalast auf dem Kapitol aufbewahrt.

## Die Franken und ihr Reich

Die Franken waren das Volk, das am erfolgreichsten aus der Völkerwanderung hervorgegangen ist: Ihnen war es im Laufe des 5. Jahrhunderts gelungen, die römische Provinz Gallien und große Teile Westeuropas zu erobern. Mit Ausnahme des Südostens beherrschten sie den größten Teil des heutigen Frankreich. Die Machtstrukturen innerhalb des Frankenreichs waren von Grundherrschaft bestimmt. Die Macht des Königs beruhte zu großen Teilen auf dem Königsgut: Es umfasste die eroberten Domänen des ehemaligen römischen Gemeinwesens, alle konfiszierten Ländereien und das gesamte herrenlose Land. Über diesen Grund und Boden konnte der König frei verfügen. Vieles davon behielt er für sich und seine Familie zurück, große Teile des Landes vergab er aber auch an seine Vertrauten. In erster Linie waren dies die Angehörigen des Adels, die auf diese Weise nach und nach zu großem Landbesitz kamen. Ebenso wurde die nicht adelige Bevölkerung für geleistete und noch zu leistende Dienste häufig mit Landbesitz bedacht.

Die Verwaltung der großen Güter übernahm meist ein Hausvorsteher, ein sogenannter *maior domus* oder Hausmeier. Die königlichen Hausmeier, die bald nicht nur den Königsgütern vorstanden, sondern zugleich Verwaltungsaufgaben im Reich übernahmen, waren sehr mächtig. Das hatte weitreichende Folgen. Anfang des 8. Jahrhunderts zum Beispiel schlug nicht etwa der fränkische König die Angriffe von arabischen Horden auf das Frankenreich zurück. Der Sieg des Jahres 732, bei dem die Araber in der Schlacht bei Tours und Poitiers vernichtend geschlagen wurden, war dem königlichen Hausmeier Karl Martell zu verdanken. Er führte die fränkischen Truppen an und konnte in der Folge seine eigene Machtposition deutlich erweitern: Er wurde zum Begründer des Herrscherhauses der Karolinger. Es gelang ihm nämlich, die Verwaltung des Frankenreichs unter seine Söhne Karlmann und Pippin aufzuteilen. Nachdem Karlmann sich 747 für den Dienst in der Kirche entschied, ergriff Pippin die Initiative und übernahm endgültig die Macht im Frankenreich. Anstelle des macht- und glücklosen Frankenkönigs ließ er sich selbst von einer Versammlung führender Repräsentanten des fränkischen Volks zum Herrscher des Reichs bestimmen und sicherte sich noch zusätzlich ab, indem er sich von einem Bischof zum König salben ließ. Mit der Autorität der Kirche konnte er den Mangel an königlicher Abstammung endgültig aufheben. Später, 754, wurde Pippin noch einmal von dem damaligen Papst Stephan II. (Pontifikat 752–757) gesalbt und gekrönt. Dem Papst war die Unterstützung der Franken zur Sicherung seiner Macht so wichtig, dass er bei dieser Gelegenheit neben Pippin auch dessen Söhnen Karl und Karlmann den Titel »Schutzherr der Römer« verlieh. Pippin und seine Söhne zogen dann auch für den Papst nach Italien, um ihn und die ihm unterstehenden Ländereien vor den Angriffen der Langobarden zu schützen.

Bei der Darstellung eines karolingischen Herrschers handelt es sich vermutlich um Karl den Großen, 9. Jh.

Damit war die Grundlage für eine lange und erfolgreiche Beziehung zwischen den fränkischen Königen und den Päpsten gelegt. Pippins Sohn Karl (Regentschaft 768–814), der nach dem Tod seines Bruders 771 allein die Macht im Frankenreich übernahm, war nicht nur ein erfolgreicher Feldherr – nach zahlreichen Kriegszügen regierte er ein Reich, das sich von Friesland im Norden bis zu dem Pyrenäen und dem Mittelmeer im Süden erstreckte und vom Atlantik bis zum Böhmerwald. Er engagierte sich zudem für die Kirche: So förderte er die Christianisierung der von ihm unterworfenen Völkerschaften und bemühte sich um eine bessere Ausbildung der Geistlichen. Dafür zog er Gelehrte an seinen Hof in Aachen, von denen er die begabtesten Schüler aus den Klöstern des gesamten Reichsgebiets unterrichten ließ.

Die drei Gelehrten aus der Zeit um 800 n. Chr. waren Karl dem Großen eng verbunden: Rhabanus Maurus (Mitte) führt seinen Schüler Alkuin zu Bischof Otgar von Mainz. Handschrift aus Fulda, um 840

Für die Herrschaftsorganisation im Frankenreich setzte Karl auf die Mitarbeit des fränkischen Adels und unterteilte das Territorium in kleine Einheiten, deren Verwaltung er Grafen anvertraute. Wie alle seine Nachfolger bis ins 14. Jahrhundert hinein zog er ständig durch die Lande und hielt auf seinem Weg durch das Reich regelmäßig Hoftage ab. Auf ihnen mussten ihm die Grafen für ihre Tätigkeiten Rede und Antwort stehen.

Karl der Große befand sich Ende des 8. Jahrhunderts auf dem Gipfel seiner Macht. Viele seiner Untertanen verliehen ihm bereits das Attribut »der Große« und sahen ihn als dem Kaiser in Konstantinopel ebenbürtig an. Auch Papst Leo III. (Pontifikat 795–816) war offensichtlich dieser Meinung, als er Karl am 25. Dezember 800 zum römischen Kaiser krönte. Diese Wiederbelebung des römischen Kaisertums löste heftige Proteste in Konstantinopel aus. Die Herrscher dort sahen sich als die wahren Erben der

**Das Frankenreich**

**482–511 n. Chr.**
Herrschaft Chlodwigs als König der Franken

**um 497 n. Chr.**
Taufe Chlodwigs

**679–714 n. Chr.**
Herrschaft Pippins II. des Mittleren als Hausmeier des fränkischen Herrschergeschlechts der Merowinger

**714–741 n. Chr.**
Herrschaft Karl Martells, Sohn Pippins II., als Hausmeier der Merowinger

**732 n. Chr.**
Schlacht bei Tours und Poitier; Karl Martell besiegt arabische Verbände

**751–768 n. Chr.**
Herrschaft König Pippins III.

**768–814 n. Chr.**
Herrschaft Karls des Großen; bis zum Tod seines Bruders Karlmann (771) gemeinsame Regierung mit diesem

**800 n. Chr.**
25. Dezember: Kaiserkrönung Karls des Großen durch Papst Leo III. in Rom

**812 n. Chr.**
Vertrag von Aachen: Regelung zur gegenseitigen Anerkennung von Karl dem Großen und dem oströmischen Kaiser Michael I. in Konstantinopel

römischen Kaiser an. In langen Verhandlungen erreichte Karl, dass sich die beiden Kaiser schließlich gegenseitig anerkannten.

Im Laufe des 9. Jahrhunderts verlor der weströmische Kaisertitel allerdings wieder an Bedeutung. Er geriet in den Wirren nach dem Tod Karls des Großen (814) sogar teilweise in Vergessenheit. Da die Söhne und Enkel Karls an dem alten fränkischen Prinzip festhielten, das Reich möglichst zu gleichen Teilen unter die männlichen Nachkommen aufzuteilen, zerfiel das fränkische Reich in verschiedene Herrschaftsgebiete. Erst Anfang des 10. Jahrhunderts, nach dem Tod des letzten Karolingers, bildeten sich zwei Herrschaftskomplexe heraus, die die Geschichte Europas nachhaltig prägen sollten: das westfränkische Reich, aus dem später Frankreich hervorgehen sollte, und das ostfränkische Reich, in dem das heutige Deutschland seine Wurzeln hat.

### Der Papst, der Kaiser und die Fürsten

Seit jeher war es Aufgabe der Könige, für das Wohlergehen und den Schutz ihrer Untertanen zu sorgen. Daher sahen es die fränkischen Adeligen mit Missfallen, dass sich die Mitglieder ihres Königshauses in Erbstreitigkeiten aufrieben und damit ihre Regierungsmacht schwächten.

Die Schwäche wog umso mehr, als das Reich Anfang des 10. Jahrhunderts massiven feindlichen Bedrohungen ausgesetzt war: Normannen aus Skandinavien landeten mit ihren Schiffen im Norden des Frankenreichs und plünderten Kirchen und Klöster, die Araber bedrohten das Reich im Süden, im ostfränkischen Reich stellten die Ungarn im Osten eine ständige Gefahr für die Bevölkerung dar.

Da aufgrund der Erbstreitigkeiten im Frankenreich die Macht der Könige geschwächt war und zum Teil gar nicht mehr ausgeübt wurde, ergriffen regionale Machthaber die Initiative zur Verteidigung des Reichs. Im ostfränkischen Reich waren dies die Oberhäupter der im

Reich vereinten Stämme der Sachsen, Bayern, Franken und Schwaben. Nachdem der letzte Karolinger 909 gestorben war, gingen diese Stammesfürsten (oder auch: Herzöge) dazu über, den König aus ihren Reihen zu wählen. Mit verschiedenen Veränderungen im Prozedere wurden die Machthaber im Deutschen Reich fortan durch Wahl bestimmt. Wenn sich ein König in den Augen der Herzöge bewährt hatte, waren sie durchaus bereit, einen Vertreter seiner Familie zu seinem Nachfolger zu küren. Aus diesem Grund weist die Geschichte des Deutschen Reichs für lange Zeiträume regelrechte Herrscherdynastien auf: die Ottonen (919–1002), die Salier (1024–1125) und die Staufer (1127–1250). Ab Otto dem Großen (Regentschaft 936–973) bemühten sich die Könige des Deutschen Reichs wieder um den Kaisertitel, der ihre Macht und ihr Ansehen steigern sollte. Die Krönung zum Kaiser, die traditionell in Rom vorgenommen wurde, vollzogen die Päpste. Da die Entscheidung über die Kaiserkrönung bei ihnen lag, hatten sie zur Durchsetzung ihrer Interessen gegenüber dem Anwärter auf den Kaisertitel ein effektvolles Druckmittel in der Hand. Die deutschen Könige mussten in ihrem machtpolitischen Handeln also stets darauf achten, dass sie weder die Herzöge noch den Papst verstimmten. Übergriffe in die Kompetenzbereiche eines anderen führten unweigerlich zu schwerwiegenden Konflikten.

So entzündete sich beispielsweise der Investiturstreit im 11. Jahrhundert daran, dass König Heinrich IV. (Regentschaft 1056–1106) auf die Einsetzung eines Bischofs in Mailand Einfluss nahm. Papst Gregor VII. (Pontifikat 1073–1085), der auf eine strikte Trennung der kirchlichen und der weltlichen Sphäre drang, erkannte darin einen schweren Übergriff in seinen Befugnisbereich und wehrte sich.

Auf der Verwandschaftstafel der Ottonen, Salier und Staufer aus der zweiten Hälfte des 12. Jh. werden die Verwandtschaftsverhältnisse zwischen den drei Herrschergeschlechtern dargestellt.

Heinrich IV. sah sich gezwungen, 1077 nach Norditalien zu ziehen, wo sich der Papst gerade aufhielt, und bei der Burg Canossa in der Nähe von Modena bei diesem Abbitte zu leisten. Dennoch folgten noch jahrzehntelange Streitigkeiten zwischen Verfechtern königlicher und päpstlicher Rechte. Sie konnten erst 1122 im Wormser Konkordat mit einer genauen Definition der beiderseitigen Kompetenzbereiche beigelegt werden. Mit dem Konkordat wurden die Zuständigkeiten von kirchlichen und weltlichen Würdenträgern bei der Amtseinführung der höheren Geistlichkeit genau geregelt.

Vier Frauen huldigen Kaiser Otto II. oder Otto III. Sie stehen für die Provinzen Germania, Francia, Italia und Alemannia. Die Darstellung aus dem späten 10. Jh. bringt das Selbstverständnis des Herrschers zum Ausdruck.

Ein Beispiel für die Anmaßung von Kompetenzen von herzoglicher Seite lieferte Heinrich der Löwe (um 1130–1195), der Herzog von Sachsen und Bayern. Eigenmächtig und gewaltsam ging er gegen Adelige und Städte im Norden des Reichs vor. Als er den Aufforderungen Kaiser Friedrich Barbarossas (Regentschaft 1152–1190) nicht nachkam, sein unbefugtes Handeln zu unterlassen, musste er 1182 in die Verbannung gehen.

Die stärksten Konflikte waren stets die zwischen Päpsten und Kaisern. Sie ergaben sich vor allem aus dem Selbstverständnis der Päpste, die der Auffassung waren, in Kirche und Welt über allen zu stehen und daher auch gegenüber dem Kaiser weisungsberechtigt zu sein. Der Anspruch auf geistliche und machtpolitische Führerschaft der Päpste kam in der Kreuzzugsbewegung deutlich zum Ausdruck, die Ende des 11. Jahrhunderts von Päpsten und Ordensleuten entwickelt wurde. Das Ziel der Kreuzzüge sollte es sein, die von den Muslimen in Palästina besetzten heiligen Stätten der Christenheit (also die Orte, die mit dem Leben Christi in Verbindung gebracht werden) zu befreien. Die Ausführung dieser militärischen Aktionen sollte bei Kaisern und Königen und allen kampfwilligen

Christen liegen. Der jeweilige Papst fungierte als Vermittler des göttlichen Heils, das all jenen zuteil werden sollte, die gemäß seiner Weisung in den Kampf zogen. Christen aus ganz Europa leisteten den Aufrufen der Kirchenoberen Folge, unter ihnen viele Könige und hohe Adelige. Nach dem ersten Kreuzzug (1096–1099) brachen in über 200 Jahren christliche Kämpfer zu weiteren sechs Kreuzzügen in den Nahen Osten auf.

Darstellung Friedrichs II. in seinem Buch *De arte venandi cum avibus* (Über die Kunst, mit Vögeln zu jagen), Mitte des 13. Jh.

Vor diesem Hintergrund musste es als Affront wirken, als Kaiser Friedrich II. (Regentschaft 1210–1250) 1215 einen Kreuzzug ankündigte, ohne mit dem Papst Rücksprache gehalten zu haben. Die heftigen Proteste aus Rom folgten umgehend. Als Friedrich dann auch noch selbst entscheiden wollte, wann der richtige Zeitpunkt zum Aufbruch sei, schloss Papst Gregor IX. (Pontifikat 1227–1241) Friedrich sogar aus der Kirche aus. Damit wollte er ihn zwingen, dem päpstlichen Willen Folge zu leisten. Schließlich schiffte sich Friedrich II. 1228 zum (fünften) Kreuzzug nach Palästina ein.

So unnachgiebig Friedrich II. gegenüber den Päpsten seiner Zeit agierte, so konziliant zeigte er sich gegenüber den Herzögen des Reichs. Allerdings blieb ihm auch keine andere Wahl: Da er ein Reich regierte, das sich zu seiner Zeit von der Nordsee bis nach Sizilien erstreckte, sah er sich gezwungen, zur Durchsetzung seiner Interessen den Herzögen Zugeständnisse zu machen. Er trat ihnen daher in zunehmendem Maße Rechte ab, die Königen vorbehalten waren, wie etwa jene, Zölle zu erheben, Münzen zu prägen und Befestigungsanlagen zu bauen. Damit stärkte er die Stellung der Herzöge, die ihre Chance nutzten und ihre Herrschaftsbereiche in den folgenden Jahrhunderten erheblich ausbauten. Die Position der Könige wurde in der Folge immer schwächer. Als ab dem 12. Jahrhundert die Städte durch zunehmenden Handel erstarkten und zu weiteren selbstbewussten Machtfaktoren im Reich heranwuchsen, wurde der Spielraum der Regierenden noch weiter eingeschränkt. Zumindest in einer Hinsicht kam es zu einer Absicherung des deutschen Königtums. Kaiser Karl IV. (Regentschaft 1349–1378) erließ im Jahre 1356 die Goldene Bulle, in der die Wahlmodalitäten für den deutschen König bis ins Detail beschrieben waren. In der Goldenen Bulle wurde festgelegt, dass die Königswahl durch sieben bestimmte Kurfürsten zu erfolgen hatte. Ferner wurden ihre Rechte und Pflichten definiert sowie ihre rechtlichen Beziehungen zum König und künftigen Kaiser beschrieben. Dieses erste »Reichsgrundgesetz« galt bis zum Ende des Deutschen Reichs 1806.

### Europäische Mächte

Trotz der gewaltigen Aufgaben, die das Regieren eines Reichs bedeutete, das sich von der Nordsee bis nach Italien erstreckte, gelang es vielen Herrschern des Deutschen Reichs, ordnend auf die Machtverhältnisse im Osten Europas einzuwirken. Kaiser Otto III. (Regentschaft 996–1002) stieß beispielsweise die römisch-katholische Missionierung der slawischen Polen und der Ungarn an. Er gründete die Erzbistümer Gnesen (1000) und Gran (1001), die von der Kirche des Deutschen Reichs unabhängig waren und förderte damit die Selbstständigkeit der Reiche Polen und Ungarn.

Im Westen des Deutschen Reichs entwickelte sich ein eigenständiger Herrschaftskomplex. Im westfränkischen Reich trat Herzog Hugo Capet die Nachfolge der Karolinger an. Er wurde 987 von den Mächtigen des Reichs zum König gewählt (Regentschaft bis 996) und begründete die Dynastie der Kapetinger, die Frankreich bis 1328 regierten. Während ihrer Herrschaft hatten die Kapetinger wiederholt damit zu kämpfen, dass die königliche Macht – sie kam vor

**Das Deutsche Reich**

**911**
Tod von Ludwig dem Kind, dem letzten ostfränkischen Karolinger
**919–1002**
Herrschaft der Ottonen
**936–973**
Regentschaft Ottos I.
**955**
Sieg Ottos I. über die Ungarn auf dem Lechfeld bei Augsburg
**962**
Kaiserkrönung Ottos I. in Rom
**1000**
Otto III. gründet die Erzbistümer Gnesen und Gran (1001) als selbstständige Kirchenprovinzen für Polen und Ungarn und fördert damit die eigenständige Entwicklung der beiden Reiche
**1024–1125**
Herrschaft der Salier
**1056–1106**
Regentschaft Heinrichs IV.
**1073–1085**
Pontifikat Papst Gregors VII.
**1077**
Gang nach Canossa: Heinrich IV. leistet vor Papst Gregor VII. Abbitte im Streit um die Amtseinführung von Geistlichen durch weltliche Herrscher (Investitur)
**1096–1099**
Erster Kreuzzug: Eroberung Jerusalems, Befreiung der heiligen Stätten der Christen von der Besetzung durch die Muslime
**1122**
Wormser Konkordat regelt die Zuständigkeiten von kirchlichen und weltlichen Würdenträgern bei der Amtseinführung der höheren Geistlichkeit; Abschluss des Investiturstreits
**1127–1250**
Herrschaft der Staufer
**1215–1250**
Regentschaft Friedrichs II.
**1273–1291**
Regentschaft Rudolfs von Habsburg, Begründer der Dynastie der Habsburger
**1356**
Erlass der Goldenen Bulle: Regelung der Königswahl durch Kurfürsten und Verbriefung von deren Hoheitsrechten; Regelung des Verhältnisses zwischen Kaiser und Fürsten bis 1806

allem in den als »Krondomänen« bezeichneten Besitzungen des Königs zum Ausdruck – gegenüber den Ländereien anderer Adelsfamilien gering war. König Robert II. (996–1031) konnte nicht verhindern, dass einzelne Herzöge im Norden des Reichs ihre Macht erheblich ausbauten und ihn an Landbesitz weit übertrafen. Einige der Herzöge nutzten ihre Stellung aus und unternahmen eigenmächtige Aktionen: So setzte Wilhelm I., Herzog der Normandie, 1066 nach England

**Frankreich**

**987–996**
Regentschaft von Hugo Capet, Begründer der Dynastie der Kapetinger, die bis 1328 regiert

**1152**
Eleonore von Aquitanien lässt sich von dem französischen König Ludwig VII. (Regentschaft 1137–1180) scheiden und heiratet den englischen König Heinrich II. (Regentschaft 1154–1189), der so in den Besitz großer französischer Gebiete kommt

**1180–1223**
Regentschaft von König Philipp II. August

**1214**
Schlacht bei Bouvines gegen England und seine Verbündeten mit Sieg Philipps II. August, der daraufhin das französische Kronland ausbaut

über und erkämpfte sich den Königstitel des Inselreichs, den er bis zu seinem Tod 1087 innehatte.

Erst im 12. Jahrhundert gelang es den Kapetingern, ihre Königsmacht auf eine breitere Basis zu stellen. Allerdings ergab sich nun ein anderes Problem: Eleonore von Aquitanien, der große Gebiete in West- und Nordfrankreich unterstanden, heiratete den späteren englischen König Heinrich II. (1156–1189), der damit die Mehrheit des französischen Landbesitzes in seiner Hand vereinigte. Die Gefahr, dass seine Nachfolger die Herrschaft über ganz Frankreich übernehmen könnten, wurde erst 1214 in der Schlacht von Bouvines gebannt, als der französische König Philipp II. August die englischen Truppen unter König Johann (1195–1216) besiegte. Philipp II. August (Regentschaft 1180–1223) baute daraufhin das Kronland aus, das direkt dem König unterstand und nunmehr ein Drittel Frankreichs ausmachte. Dadurch und aufgrund der von ihm durchgeführten Reorganisation seines Reichs und seiner Verwaltung legte er die Grundlagen für die Kontinuität des französischen Königtums bis in die Neuzeit.

Die Szene zeigt, wie König Johann »Ohneland« eine Festung angreift. Der Krieg Philipps II. August von Frankreich gegen ihn gipfelte in der Schlacht von Bouvines. Französische Buchmalerei, um 1335/40

England trat mit den Ereignissen im Umfeld der Schlacht von Bouvines ebenfalls in eine neue Phase seiner Geschichte. Nach der Herrschaft Wilhelms des Eroberers hatte das Königreich auf der Insel unter Heinrich II. eine Glanzzeit erlebt. Er hatte sich 1171 die Oberhoheit über Irland gesichert und nannte sich seitdem auch »Dominus Hiberniae« (Herr von Irland). Unter König Johann geriet das Königtum Anfang des 13. Jahrhunderts allerdings in eine schwere Krise. Er beschwor sie selbst herauf, als er 1207 die Wahl des Kardinals Stephan Langton zum Erzbischof von Canterbury ablehnte. Der Papst verhängte daraufhin über England eine der schwersten Kirchenstrafen: das Interdikt. Es hatte zur Folge, dass den Gläubigen auf der Insel heilige Handlungen wie das Abhalten von Gottesdiensten, das Spenden von Sakramenten oder kirchliche Bestattungen untersagt waren. Für die Engländer, die als Christen in der Heilsgewissheit lebten, die ihnen die Kirche versprach, war dies eine Katastrophe. Das Interdikt hob der Papst erst auf, als sich König Johann seinem Willen fügte und sich damit einverstanden erklärte, England und Irland von ihm gegen Tributzahlungen als »Leihgabe« (Lehen) entgegenzunehmen. Die Position König Johanns, der daraufhin den Beinahmen »Ohneland« erhielt, war folglich äußerst schwach. Als er nach dem Misserfolg in der Schlacht bei Bouvines (1214) versuchte, eine Streitmacht für die Rückeroberung der Normandie zusammenzubringen, verweigerten ihm die Adeligen seines Reichs die Heerfolge. Sie konnten ihn so unter Druck setzen, dass er sich 1215 bereit erklärte, in der *Magna Carta* dem Adel und der Kirche Grundrechte zuzusichern – im Hinblick auf ihren Besitz, auf zu leistende Abgaben und in der Rechtsprechung. Die *Magna Carta* galt in England seitdem als Maßstab für die Einschränkung königlicher Willkür. Eine ähnlich epochale Neuerung konnten die englischen Adeligen 1258 durchsetzen. Damals zwangen sie ihrem König Heinrich III.

**England**

**1066–1087**
Regentschaft Wilhelms des Eroberers, Herzog der Normandie, König von England
**1086**
Erstellung des *Domesday Book,* des ersten Grundkatasters: Verzeichnis aller Herrschaften mit ihrem jährlichen Ertragswert
**1154–1399**
Herrschaft der Anjou-Plantagenet
**1154–1189**
Regentschaft Heinrichs II., der über große Besitzungen auf dem europäischen Festland (in Frankreich) verfügt
**1171**
Beginn der Eroberung Irlands
**1199–1216**
Regentschaft Johanns I. »Ohneland«; nach Konflikt mit Papst Innozenz III. (Ponti-fi-kat 1198–1216) nimmt er 1213 England vom Papst als Lehen an, daher sein Beiname
**1215**
15. Juni: Inkrafttreten der *Magna Carta libertatum:* Johann I. verbrieft den Baronen ihre Rechte (feudales Widerstandsrecht)
**1216–1272**
Regentschaft Heinrichs III.
**1264**
Nach der Durchsetzung eines Beratungs- und Kontrollorgans von 15 Baronen in den sogenannten Provisionen von Oxford (1259) Bildung eines Regentschaftsrats und Einberufung eines Parlaments

(Regentschaft 1216–1272) einen aus 24 Personen bestehenden Beirat auf, dessen Mitglieder zur Hälfte vom Adel und zur Hälfte vom König bestimmt wurden. Damit legten sie den Grundstock zum englischen Parlament, das dann ab dem frühen 14. Jahrhundert regelmäßig tagen sollte.

## »Mittelalter« und Renaissance

Von der Apenninen-Halbinsel gingen immer wieder Impulse aus, die die Kultur Europas belebt und entscheidend geprägt haben. Auch nach dem Untergang des Römischen Reichs (476) war Italien ein Hort kulturellen Schaffens. Eine wesentliche Rolle spielte in diesem Kontext die Klosterbewegung. Sie setzte 529 ein, als Benedikt von Nursia das Kloster Monte Cassino zwischen Rom und Neapel gründete. Die von Benedikt ins Leben gerufene Ordensgemeinschaft der Benediktiner breitete sich rasch über ganz Europa aus. Sie hat das Mönchtum und die Kultur des Abendlandes stark geprägt. In den Klöstern wurde nämlich nicht nur gebetet, sondern auch gearbeitet. Mit ihren praktischen Tätigkeiten in Landwirtschaft und Handwerk sorgten die Mönche für ihren Lebensunterhalt. Eine wichtige Aufgabe der Mönche bestand darin, das christliche, aber auch das nicht christliche Schrifttum früherer Zeiten in den Klosterbibliotheken zu bewahren. Ihr Interesse galt dabei vornehmlich der christlichen Tradition. Mit den »Heiden«, wie sie beispielsweise nicht christliche Autoren wie Cicero bezeichneten, befassten sie sich nur am Rande und nur dann, wenn sie von ihnen etwas für das Ausdeuten und Verfassen christlicher Texte lernen konnten.

Im 14. Jahrhundert wurde dieser einseitige Umgang mit den Texten aus dem antiken Rom und Griechenland verstärkt kritisiert. Es waren zuerst italienische Gelehrte wie Francesco Petrarca (1304–1374), die den eigenständigen Wert der heidnischen Autoren hervorhoben. Die Zeit, in der die Schriften der antiken Autoren in ihren Augen missachtet wurden und die sie von diesen Geistesheroen trennte, betrachteten sie als intellektuell unbedeutende Zwischenzeit, als »Mittelalter«.

Francesco Petrarca hat sich vor allem für die lateinische Literatur des Altertums begeistert und konnte viele seiner Zeitgenossen von ihrem sprachlichen und inhaltlichen Reichtum überzeugen.

Mit Begeisterung setzte sich die junge Gelehrtengeneration mit den intellektuellen und künstlerischen Leistungen der antiken Autoren und Künstler auseinander. Sie sahen in den Werken des Altertums eine Bereicherung für das menschliche Leben. Darum versuchten sie, die kirchlichen Vorurteile gegenüber einer Beschäftigung mit den Zeugnissen der nicht christlichen Antike zu beseitigen. Ihr Ziel war es, die Menschen so auszubilden, dass sie ohne kirchlich-religiöse Einschränkungen ihr gesamtes geistiges Potenzial entfalteten. Nur so konnte sich der Einzelne ihrer Meinung nach zu einer Persönlichkeit entwickeln und volle menschliche Würde – lateinisch: *humanitas* –

Raffael präsentiert in seinem Fresko *Schule von Athen* in den Stanzen des Vatikans griechische Geistesgrößen wie Platon und Aristoteles, deren Schriften zu seiner Zeit, Anfang des 16. Jh., von vielen seiner gelehrten Zeitgenossen studiert wurden.

entfalten. Aus diesem Grund wurden die Gelehrten, die sich für diese Idee einsetzten, als »Humanisten« bezeichnet.

Wie in der Literatur und Philosophie stand auch in der Kunst bald der Mensch im Mittelpunkt des Interesses. Die Maler begannen, ihn und seine Welt möglichst naturnah abzubilden. Dabei mussten sie sich viele Techniken erst nach und nach erarbeiten und diese bei Auftraggebern und Publikum durchsetzen. So hat etwa die geometrische Konstruktion der Zentralperspektive, die den Standpunkt des Betrachters in die Gestaltung eines Bildes einbezieht, nur langsam Verbreitung gefunden. Auch profane Bildthemen wie das eigenständige Porträt, das Stillleben und die Landschaft mussten erst neben den traditionellen sakralen Sujets zur Bildwürdigkeit erhoben werden.

Häufig profitierten die Künstler von den Kenntnissen ihrer gelehrten Zeitgenossen, den Humanisten. Nicht selten waren sie auch selbst humanistisch gebildet und bemühten sich darum, den architektonischen und künstlerischen Lehren der Antike zu einer Wiedergeburt, einer »Renaissance«, zu verhelfen. Da der neue künstlerische Ansatz in Literatur, bildenden und darstellenden Künsten auch außerhalb Italiens bald stark gefragt war, haben sich Renaissance und Humanismus bis Ende des 16. Jahrhunderts in ganz Europa verbreitet.

## Mohammed, der Islam und die arabische Welt

Er ist eine der berühmtesten Gestalten der Weltgeschichte, und doch ist nur wenig über ihn bekannt. Mohammed, der Prophet, machte um seine Person wenig Aufheben. Viel wichtiger waren ihm die Dinge, die ihm, wie er sagte, »Allah« (Gott) offenbart hatte, und die die Welt verändern sollten: die Lehren, die er im Koran schriftlich zusammenfasste und die zur Grundlage einer neuen monotheistischen Religion wurden, des Islam. Mohammed wurde vermutlich um 570 im Westen der arabischen Halbinsel, in der Stadt Mekka, geboren. Er war dort als Händler tätig, bis er der Überlieferung nach im Alter von 40 Jahren zum ersten Mal die Stimme Gottes vernahm. Unter diesem Eindruck begann er 613 in seiner Heimatstadt Mekka zu predigen: vom Zorn Gottes über die eigennützige Lebensführung und Vielgötterei der Menschen und von dem nahen Gottesgericht, vor dem die Menschen für ihr Tun zur Rechenschaft gezogen werden würden. Er fand aber nur bei wenigen seiner Mitmenschen Gehör. Das änderte sich, als er einer Einladung in die Stadt Yatrib nachkam. Dort suchten die Stadtoberen wegen Streitigkeiten zwischen verschiedenen Volksstämmen einen Friedensstifter. In Yatrib, das später den Namen Al-Medina (also: »die Stadt«, nämlich die des Propheten) erhalten sollte, fand Mohammed schon kraft seiner neuen Stellung mit seinen Predigten Gehör und scharte eine ständig wachsende Anhängerschaft um sich. Die Auswanderung (Hedschra) von Mekka nach Yatrib-Medina am 24. September 622 wurde später zum Ausgangspunkt der neuen muslimischen Zeitrechnung. In Medina ist der Prophet im Jahre 632 gestorben.

Zu der Ka'aba in der großen Moschee von Mekka muss nach dem Koran jeder Muslim eine Pilgerfahrt unternehmen, sofern es ihm möglich ist.

Mohammed verstand die Botschaft, die ihm Gott mitteilte, als Vollendung jener Offenbarungen, die den Israeliten Abraham

**Mohammed und der Islam**

**um 570**
Geburt Mohammeds in Mekka
**622**
September: Auszug (Hedschra) Mohammeds nach Yatrib (Medina)
**632**
Tod Mohammeds in Medina
**656**
Ali, Vetter und Schwiegersohn Mohammeds, verlegt seine Residenz nach Kufa an den Unterlauf des Euphrat
**661–750**
Omajaden mit Herrschersitz in Damaskus übernehmen die Führung im Islam
**750–1258**
Zusammen mit den Abbasiden übernehmen die Perser die Führung im Islam

und Moses zuteil geworden waren, und die auch Jesus – in Mohammeds Augen ein wichtiger jüdischer Prophet – zur Grundlage seiner Lehre gemacht hatte. Für Mohammed waren der Glaube an Gott und der »Islam« (wörtlich: die bedingungslose Unterwerfung unter Gottes Willen) die Grundvoraussetzungen für ein erfülltes Leben. Noch zu Lebzeiten Mohammeds formulierten seine Anhänger die fünf Pflichten, die jeder »Muslim«, also jeder, der sich Gottes Willen unterwirft, zu erfüllen hat: das Bekenntnis zu Gott, die fünf täglichen Gebete, das Fasten während des Monats Ramadan, Almosen geben und eine Wallfahrt nach Mekka.

Mohammed war in Medina Stadtoberhaupt, Richter und Glaubenslehrer in einem. Daher kennt der Islam seit seinem Bestehen keine Trennung von weltlicher und geistlicher Autorität. Entsprechend verstanden sich auch diejenigen, die sich nach Mohammeds Tod für die Verbreitung seiner Lehre einsetzten, als zugleich weltliche und geistliche Führer. Für die Kalifen (wörtlich: Nachfolger) waren daher die Eroberung von Land und die Verbreitung der Lehre Mohammeds unter seinen Bewoh-

Die Alhambra mit dem Löwenhof in Granada ist eines der glanzvollsten Bauwerke der Sultane dort aus der zweiten Hälfte des 14. Jh.

nern untrennbar miteinander verbunden. Bis 661 drangen sie so über den Vorderen Orient bis nach Persien und entlang der afrikanischen Mittelmeerküste bis zur ehemaligen römischen Provinz *Africa* vor. Schon damals kam es zu unterschiedlichen Lehrauffassungen unter den Muslimen. Ali, der Vetter und Schwiegersohn des Propheten, überwarf sich mit Mohammeds Witwe Aischa und verlegte 656 seine Residenz von Medina nach Kufa an den Unterlauf des Euphrat. Die Schiiten behaupten seitdem, dass das Recht, den Koran auszulegen, bei den direkten Nachkommen Mohammeds liege. Für die Sunniten dagegen sind Kalifat und Lehrautorität nicht an eine verwandtschaftliche Beziehung zu Mohammed gebunden. Mit dem Geschlecht der Omajaden, die ihre Residenz in

Damaskus aufschlugen und die Entwicklung und Verbreitung des Islam von 661 bis 750 bestimmten, gewannen die Sunniten die Oberhand. Die Omajaden unternahmen Eroberungszüge bis nach Indien und über Nordafrika und die Iberische Halbinsel bis ins Reich der Franken. Mit ihren Nachfolgern, den Abbasiden, übernahmen Perser die Führung im Islam. Ihre Herrschaft endete 1258 mit dem Einfall der Mongolen in Persien. Die islamischen Territorien in Nordafrika und auf der Iberischen Halbinsel waren davon jedoch nicht betroffen. Sie waren bereits im 10. Jahrhundert in Teilreiche zerfallen, die mittlerweile selbstständig geworden waren und regionalen Machthabern unterstanden – Kalifen oder ehemaligen Truppenführern, den sogenannten Emiren.

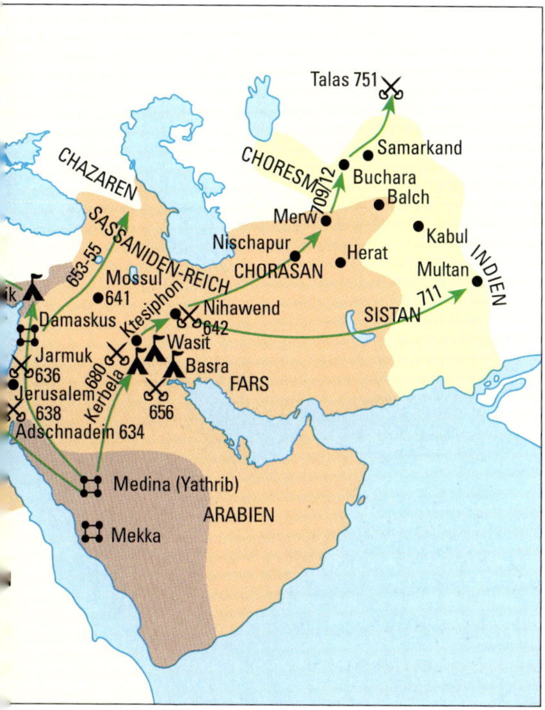


Ausbreitung des Islam nach dem Tod Mohammeds

## Byzanz

Von Anfang an erkannten die Kämpfer des Islam im Byzantinischen Reich einen wichtigen Gegner. Seine Hauptstadt, Byzanz, war 330 von dem römischen Kaiser Konstantin (Regentschaft 324–337) großzügig ausgebaut und in »Konstantinopel« (heute Istanbul) umbenannt worden. Ab dem 4. Jahrhundert war die Stadt am Bosporus Sitz der oströmischen Kaiser, die ein riesiges Reich regierten: Es umfasste die nordafrikanische Küstenregion, den Vorderen Orient und Kleinasien bis zur südlichen Küste des Schwarzen Meeres. Den Muslimen ging es in ihrer Gegnerschaft zu Byzanz nicht allein um die Herrschaft über die oströmischen Provinzen, die sie im Übrigen im Laufe des 7. Jahrhunderts bis auf Kleinasien rasch eroberten. Sie wollten die byzantinischen Kaiser beseitigen, denn diese waren mehr als nur weltliche Potentaten, sie waren zugleich Oberhäupter der Christenheit. Anders als im Westen des Römischen Reichs, wo sich die Päpste neben den säkularen Machthabern als christliche Lehrautoritäten etablieren konnten, hatten sich die oströmischen Kaiser ihren maßgeblichen Einfluss auf die Kirche bewahrt. Sie sahen sich als Stellvertreter Gottes auf Erden und bildeten die Spitze der christlichen Kirche, der sie zusammen mit den Bischöfen vorstanden. Sie erkannten die Päpste nicht an und bezogen

Die Hagia Sophia wurde von 532 bis 537 n. Chr. als christliche Reichskirche erbaut und nach der Eroberung Konstantinopels durch die Osmanen 1453 in eine Moschee umgewandelt.

**Byzanz**

**324–337**
Regentschaft Kaiser Konstantins des Großen; er baut Byzanz zur christlichen Reichshauptstadt aus
**330**
Umbenennung von Byzanz in »Konstantinopel«
**527–565**
Herrschaft des Kaisers Justinian; Kodifikation des römischen Rechts (528–535)
**717–802**
Besteht die syrische Dynastie
**717–741**
Regentschaft Kaiser Leos III.
**754**
Verbot von Bildern in kirchlichen Räumen durch eine Bischofsversammlung; Beginn des Bilderstreits
**820–867**
Besteht die armoritische Dynastie
**842–867**
Regentschaft Kaiser Michaels III.; Missionierung der slawischen Völker
**843**
Ende des Bilderstreits
**1204–1261**
Besteht das lateinische Kaiserreich nach der Eroberung Konstantinopels durch Kreuzfahrer
**1453**
29. Mai: Eroberung von Konstantinopel durch die Osmanen

auch in verschiedenen Glaubensfragen andere Positionen als diese. Sie traten den Oberhäuptern der römischen Kirche selbstbewusst entgegen und bezeichneten die oströmische Christenheit als die »orthodoxe«: die rechtgläubige.

Die Muslime versuchten, im 7. und 8. Jahrhundert wiederholt, Byzanz, das Bollwerk christlicher Macht, einzunehmen und zu zerstören, aber vergebens. Und dennoch blieb die oströmische Kirche vom Islam – zumindest zeitweise – nicht unbeeinflusst. Dies zeigt sich im sogenannten Bilderstreit. Ab dem 6. Jahrhundert waren in der orthodoxen Kirche Heiligenbilder bei der Vermittlung des Glaubens und der Verehrung der Heiligen von größter Bedeutung. Anders verhielt es sich im Islam, in dem das Abbilden von Personen grundsätzlich verboten war. Entsprechende Regelungen wurden im 8. Jahrhundert auch in der orthodoxen Kirche verlangt. Kaiser Leo III. (Regentschaft 717–741) unterstützte diese Forderung, aber erst 754 verurteilte eine Bischofsversammlung die Bilderverehrung ausdrücklich. Daraufhin brach in der oströmischen Christenheit ein regelrechter Streit um die Bilder aus, an denen viele Gläubige festhalten wollten. Im Laufe der Auseinandersetzungen wurden zahlreiche Kultbilder zerstört. Die Zeit des sogenannten Ikonoklasmus (Bilderzerstörung) endete erst 843, als Darstellungen von Personen in der orthodoxen Kirche wieder offiziell zugelassen wurden.

Die Kaiser in Byzanz erkannten, dass sie weder missionierend noch machtpolitisch etwas gegen die Muslime ausrichten konnten. Nur kurzfristig gelang es ihnen mit Unterstützung der Kreuzfahrer aus dem Westen, gegenüber den Muslimen Terrain gutzumachen und beispielsweise Zypern, Kreta und Antiochia zurückzuerobern.

Prinzipiell versuchten die Byzantiner aber, ihre Einflusssphäre im Norden und Westen zu erweitern. Ende des 7. Jahrhunderts waren slawische Stämme aus dem westlichen Zentralasien auf den Balkan vorgedrungen, hatten am Unterlauf der Donau die dortige Bevölkerung unterworfen und das Königreich Bulgarien gegründet. Nach langwierigen Kriegen gelang es den Byzantinern, die Bulgaren zu besiegen und zum Christentum zu bekehren. Die Missionare Kyrill und Method vermittelten ab etwa 850 den Bulgaren zusammen mit der christlichen Lehre auch die Schrift, die seitdem als »kyrillische Schrift« bezeichnet wird. Später bauten die Byzantiner über Handelsbeziehungen zudem enge Kontakte zu den russischen Stämmen auf, die im Norden des Schwarzen Meeres siedelten. Diese »Russen« haben den orthodoxen Glauben erst 980 angenommen, als ihr Fürst Vladimir zum Christentum übertrat. Zumindest in dieser Richtung hat Byzanz also seinen Einfluss geltend machen können. Gegen die Muslime aber unterlag die Stadt Mitte des 15. Jahrhunderts: 1453, über 900 Jahre, nachdem Kaiser Konstantin Byzanz zur glanzvollen Hauptstadt des oströmischen Reichs gemacht hatte, wurde sie von Muslimen erobert und zerstört. Ihre einstige Bedeutung hat sie zumindest für die Christen nie wieder erlangt.

## Afrika

Die Ereignisse rund um das Mittelmeer berührten Afrika buchstäblich nur am Rande. Der nördliche Küstenstreifen war durch die natürliche Barriere der Sahara und der Libyschen Wüste fast vollständig von den Völkerschaften des ungleich größeren Teils von Afrika getrennt. Kontakte nach Süden bestanden zwar, waren aber im Vergleich zu den Handelsbeziehungen im Mittelmeerraum von geringer Bedeutung. Unter ethnischen Gesichtspunkten gehörten die Menschen nördlich und südlich der Sahara zwei verschiedenen Gruppen an: Die Nordafrikaner waren hauptsächlich semitischer Abstammung, während die Afrikaner im Süden Negroide waren. Und in kultureller Hinsicht trennten sie Welten. Während im Mittelmeerraum ab etwa 3000 v. Chr. Schriftsysteme im Gebrauch waren, hatte das Schreiben im übrigen Afrika mit Ausnahme Äthiopiens keine Verbreitung gefunden. Aus diesem Grund ist die Geschichte der Völker Afrikas nur sehr schwer rekonstruierbar. Auf vielen Gebieten bleibt den Forschern nichts anderes übrig, als sich mit Vermutungen zu behelfen. Es ist davon auszugehen, dass die Geschichte Afrikas lange Zeit von einer Vielzahl wandernder Stämme bestimmt wurde. Natur und Klima setzten ihrer Verbreitung dabei Grenzen. Der Bewegungskorridor für die Völker Afrikas, die nicht wie die Buschmänner den Urwald besiedelten, lag zum einen zwischen der Sahara im Norden und den Urwaldgebieten Äquatorialafrikas im Süden. Ein weiterer großer Siedlungsraum erstreckte sich von den Seengebieten in Ostafrika über die Küste bis in den Süden des Kontinents.

Für den nördlich des Äquators gelegenen Siedlungsgürtel nahm Nubien eine wichtige kulturelle Mittlerrolle ein. Das Königreich, das bei den Ägyptern unter der

Die Felsenkirchen von Lalibela in Äthiopien stammen aus dem 13. Jh. Das nordostafrikanische Land war früh christianisiert worden und lange Zeit aufgrund der muslimischen Eroberungen von der übrigen christlichen Welt abgeschnitten.

Bezeichnung »Kusch« bekannt war, stand in der Zeit des Neuen Reichs (1570–715 v. Chr.) unter ägyptischem Einfluss. Daher war in Nubien die Hieroglyphenschrift verbreitet. Außerdem übernahmen die Nubier viele agrarische und technische Errungenschaften von den Ägyptern – vom Ackerbau über die Metallverarbeitung bis hin zum Rad. Als die Äthiopier Ende des 3. Jahrhunderts n. Chr. Nubien-Kusch eroberten, übernahmen sie diese Kenntnisse. Über Äthiopien fanden sie in den großen Siedlungszonen Afrikas bis etwa 500 n. Chr. Verbreitung.

Die Äthiopier waren lange Zeit das einzige schwarzafrikanische Volk, das lesen und schreiben konnte. Das änderte sich erst, als im 7. Jahrhundert mit dem Islam die Schriftlichkeit in großen Teilen Afrikas Einzug hielt. Seitdem sind es vor allem arabisch-islamische Quellen, die über die Entwicklung der Völker Afrikas Auskunft geben. Eine bedeutende Rolle spielte in diesem Zusammenhang Timbuktu im heutigen Mali, wo Anfang des 14. Jahrhunderts neben Moscheen einflussreiche Koranschulen eingerichtet wurden.

Das erste Reich, das auf diese Weise zumindest in Umrissen fassbar wird, ist Ghana im Westen des Kontinents. Seine natürlichen Grenzen bildeten die Flüsse Niger und Senegal sowie die Sahara. Die Ursprünge von Ghana liegen im Dunkeln. Vermutlich wurde das Land im 12. Jahrhundert von Berbern erobert und kontrolliert, die die Goldvorkommen der Region ausbeuteten. Bei den arabischen Händlern, die von dem Reich berichteten, war Ghana jedenfalls als Land mit großen Goldvorkommen bekannt.

Auf dem Handel mit Gold gründete auch der Reichtum des Landes Mali, das nach dem Untergang von Ghana in der ersten Hälfte des 13. Jahrhun-

In Timbuktu hat sich die traditionelle Lehmarchitektur des mittleren Afrika erhalten. Von vielen afrikanischen Völkern gibt es keine historischen Zeugnisse, weil die Materialien ihrer Bauten der Witterung nicht standgehalten haben.

derts am Oberlauf des Niger entstand. Das Reich wurde Anfang des 14. Jahrhunderts von dem muslimischen König Mansa Musa beherrscht. Aufgrund seines prachtvollen Hofstaats, den er 1324 bei seiner Pilgerfahrt nach Mekka mitführte, beschrieben ihn arabische Chronisten als einen Herrscher von sagenhaftem Reichtum. Die Dynastie des Mansa Musa konnte sich allerdings nicht lange an der Macht halten. Das Reich ging zu Beginn des 15. Jahrhunderts aufgrund von Streitigkeiten in der Herrscherfamilie unter.

Im Süden Afrikas herrschten Stämme, die vom Niger aus in das Kongogebiet vordrangen und sich von dort über das gesamte südliche Afrika verbreiteten. Da es keine näheren Anhaltspunkte für die Existenz einzelner Volksstämme gibt, werden sie der großen Sprachfamilie der Bantu zugerechnet.

Eine weitere Sprachgruppe wird mit dem aus dem Arabischen stammenden Wort »Swahili« bezeichnet, das »Küstenbewohner« bedeutet. Damit fassten die arabischen Händler die afrikanischen Stämme zusammen, die an der Ostküste des Kontinents siedelten. Da von diesen Völkern keine Zeugnisse erhalten sind, ist über die Herrschafts- und Verwaltungsorganisation in ihren Stämmen und Reichen nichts bekannt. Auch an archäologischen Funden ist nur sehr wenig erhalten. Hier stechen allein die Überreste eines nicht näher identifizierbaren Volks hervor, das im 14. Jahrhundert die einzigen Steinhäuser im südlichen Afrika errichtete. Doch auch diese Bauten geben bis heute Rätsel auf. Sie werden allerdings als so außergewöhnlich angesehen, dass sie dem Land, auf dessen Territorium sie heute liegen, den Namen gegeben haben: Zimbabwe, was in der Bantusprache »Shona« für »Steinhäuser« steht.

Die bis zu 5 m hohen Mauern von Alt-Zimbabwe zeugen von der Kunstfertigkeit des Shona-Volks, das sie zwischen dem 12. und 16. Jh. errichtet hat.

## Indien

Die Trennung von Norden und Süden zieht sich wie ein roter Faden durch die indische Geschichte. Nur wenigen Herrschern ist es gelungen, sowohl die Flussebenen im Norden als auch den hügeligen Süden des Subkontinents in einem Reich zu vereinen. Der erste, dem dies glückte, war König Ashoka (Regentschaft 272–231 v. Chr.), der bedeutendste Herrscher der Maurya-Dynastie. Ashoka, der im nordostindischen Pataliputra am Ganges residierte, begann als unbarmherziger Feldherr, der mit Ausnahme der Südspitze den gesamten indischen Kontinent unter seine Gewalt brachte. 260 v. Chr. wurde er jedoch schlagartig zum friedfertigen Buddhisten. Angesichts des Leids und Elends, das er bei der Eroberung des Königreichs Kalinga über Hunderttausende von Menschen gebracht hatte, schwor er dem Kriegshandwerk ab. Er sah seine Aufgabe von nun an darin, seine Untertanen für das *Dharma* zu gewinnen, worunter Hinduisten und Buddhisten im weitesten Sinne das Einhalten grundlegender ethischer, rechtlicher und sittlicher Regeln verstehen, die das harmonische Zusammenleben der Menschen garantieren. Ashoka bemühte sich darum, den Indern in Sorge um das *Dharma* ein Vorbild zu sein und sah sich in der Rolle des Herrschers als beschützender Vater.

Dass der Einsatz für das *Dharma* allein nicht ausreichte, um das Reich zu einen, zeigte sich, als Ashoka starb: Sein Imperium zerfiel bereits kurz nach seinem Tod. Im Süden herrschte bald schon wieder der alte Partikularismus. Zu maßgeblichen Veränderungen kam es wie zuvor nur im Norden. Aber auch hier dauerte es über 500 Jahre, bis nach Kleinkriegen zwischen verschiedenen regionalen Potentaten um 320 n. Chr. wieder ein Herrscherhaus die Oberhand gewann. Die Herrscher der Gupta-Dynastie verstanden es, in über 200 Jahren, von 320 bis 535 n. Chr., den gesamten Norden des Subkontinents zu erobern. Im

Indien

**321–185 v. Chr.**
Herrschaft der Maurya-Dynastie
**231–297 n. Chr.**
Regentschaft von Ashoka, dem Gründer des ersten indischen Großreichs; nach Kriegsgräueln wird er 260 zum friedfertigen Buddhisten
**320–535 n. Chr.**
Herrschaft der Gupta-Dynastie
**ab 700**
Verdrängung des Buddhismus durch den Hinduismus
**ab 711**
Einfälle der Araber in Nordindien und dort Verbreitung des Islam
**1206–1526**
Herrschaft des Sultanats von Delhi; systematische Zerstörung buddhistischer Klöster und Tempel
**1526–1658**
Besteht das Mogulreich
**1556–1605**
Akba, der bedeutendste Mogulkaiser, erobert ganz Nordindien; unter ihm herrscht religiöse Toleranz
**1605–1627**
Regiert Jahanghir; er belastet aufgrund seiner luxuriösen Lebensführung die Finanzen des Reichs
**1628–1658**
Shah Jahan dehnt das Reich nach Süden bis an die Grenzen des Hindustaats Vijayanagab aus
**1658–1707**
Aurangzeb führt den Islam wieder ein und lässt die Anhänger des Hinduismus verfolgen

Reich der Gupta erlebten Literatur und Kunst eine einzigartige Blüte. Kalidasa, der berühmteste Dichter dieser Zeit, der um 400 n. Chr. lebte, trat mit zahlreichen lyrischen Werken, Epen und Dramen hervor. In seinem berühmtesten Werk, dem Epos *Raghuwamsa* (Der Stamm des Raghu), schildert er den König und Helden Raghu und seine Vorfahren als mustergültige hinduistische Könige. Kalidasa war der Dichter der letzten großen Zeit des Hinduismus, bevor die Araber den Islam nach Indien brachten.

Da die Araber über Persien auf den Subkontinent vordrangen, erfolgte die Islamisierung Indiens vom Nordwesten her. Langsam bemächtigten sich die Kämpfer für den Islam Nordindiens, wo sie die buddhistischen Tempel und Klöster dem Erdboden gleichmachten. Was den Übertritt der hinduistischen Inder zum Islam betraf, griffen die islamischen Sultane (Herrscher) in der indischen Bevölkerung unterschiedlich hart durch. Alle erhoben sie aber von den Nicht-Muslimen eine Steuer, die diese schwer belastete. Nach ihren Eroberungs- und Bekehrungserfolgen in Nordindien versuchten die islamischen Herrscher,

Das Grabmal Taj Mahal (»Krone des Palasts«) ließ der indische Herrscher Shah Jahan für seine Lieblingsfrau Mitte des 17. Jh. errichten.

die in Delhi residierten, nach Süden vorzudringen. Sie konnten aber nur etwa die nördlichen zwei Drittel des Subkontinents unter ihre Kontrolle bringen, denn im Süden formierte sich der hinduistische Widerstand.

Den letzten groß angelegten Versuch, den Islam flächendeckend durchzusetzen, unternahm König Babur (Regentschaft 1494–1530), ein Nachkomme des Mongolenherrschers Dschingis-Khan. Er war mit Truppenverbänden aus Zentralasien in Indien eingefallen. 1526 gelang es ihm, den Sultan von Delhi zu besiegen und in der Folge große Teile Nordindiens zu erobern. Auf diese Weise begründete er das sogenannte Mogulreich (Mongolenreich). Erst Akbar (Regentschaft 1556–1605), dem bedeutendsten Mogulherrscher gelang es aber, ganz Nordindien unter seine Kontrolle zu bringen und den Einfluss der Moguln bis nach Kandahar auszuweiten. Akbar führte ein in religiöser Hinsicht tolerantes Regiment. In einem für seine Herrschaft programmatischen Akt heiratete er eine Hinduprinzessin.

Er hob die Sondersteuern für Hindus auf und erließ 1583, was die Religionsausübung betraf, sogar ein Toleranzedikt. Außerdem ließ er Hindus zum Staatsdienst zu. Doch unter den folgenden Herrschern wurden viele seiner Entscheidungen wieder rückgängig gemacht. Auch in anderer Hinsicht war im 17. Jahrhundert der Stern des Mogulreichs im Sinken begriffen. Akbars Sohn Jahanghir (Regentschaft 1605–1627) belastete durch seine aufwendige Lebensführung die Staatsfinanzen erheblich. Sein Nachfolger Shah Jahan, der von 1631 bis 1648 das berühmte Mausoleum Taj Mahal errichten ließ, tat es ihm gleich. Später versuchte er vergeblich, aufgrund hoher Steuern die Finanzen des Reichs wieder ins Lot zu bringen. Das Erbe des Akbar war endgültig verspielt, als Shah Jahans Sohn Aurangzeb (Regentschaft 1658–1707) den Islam wieder zur religiösen Grundlage des Mogulreichs machte und die Hindus schweren Verfolgungen aussetzte.

### China

Ihre Kontinuität ist in der Weltgeschichte einzigartig: Die chinesische Herrschafts- und Verwaltungskultur bestand mehr als 2500 Jahre lang ungebrochen – bis 1914. Dies ist einer Verwaltungselite in der chinesischen Beamtenschaft zu verdanken, die im Sinne des Konfuzius strikt an den traditionellen Sitten und Gebräuchen Chinas festhielt – egal, welche Herrscherdynastie auch immer die Regierungsgeschäfte übernahm. Seit der Einigung Chinas unter der Ch'in-Dynastie 221 v. Chr. war der geografische Rahmen abgesteckt, in dem sich die chinesische Geschichte abspielen sollte. Im Großen und Ganzen handelte es sich um das Territorium der heutigen Volksrepublik China.

Unter der Han-Dynastie (206–9 v. Chr.) wurden die Grundstrukturen für den Beamtenstaat gelegt, der für China typisch werden sollte. Mit dem Aufbau einer Beamtenschaft wurde nicht nur die Verwaltung des

In dem Grabmal des Kaisers Qin Shihuang Di, der 210 v. Chr. starb, stehen 6000 lebensgroße Figuren von Soldaten, Pferden und Streitwagen aus gebranntem Ton – eine Armee für das Jenseits (Ausschnitt).

Reichs sichergestellt, sondern auch eine neue, gegenüber den Kaisern loyale Klasse geschaffen. Sie verlieh der Gesellschaft soziale Stabilität. Mit den Steuergeldern, die die Beamten einnahmen und verwalteten, wurden vor allem die Reichsgrenzen geschützt, die umfangreichen Bewässerungsanlagen für die Landwirtschaft gewartet sowie Handel und Verkehr überwacht. Die Verteidigung des Reichs richtete sich in der Zeit der Han-Dynastie vor allem gegen Reiternomaden aus dem Norden. Erste Befestigungsanlagen zur Abwehr der Hsiung-nu, die im Westen als Hunnen bekannt sind, stammen aus dem Ende des 3. Jahrhunderts v. Chr. Die Kaiser der Han-Dynastie bauten diese Wall- und Maueranlagen erheblich aus. Über Jahrhunderte und zahlreiche Herrscherdynastien hinweg wurde die Befestigung zu der 6350 Kilometer langen »Chinesischen Mauer«. Wu-ti (Regentschaft 140–87 v. Chr.), der bedeutendste Kaiser der Han-Dynastie, beließ es nicht bei den Befestigungen: Mit seinen Streitkräften gelang es ihm, die Hunnen zurückzuschlagen. Die Hsiung-nu zogen daraufhin nach Westen, wo sie 400 Jahre später in Europa die Völkerwanderung auslösen sollten.

So bedeutend jede der vielen Herrscherdynastien in China für sich genommen ist, die bedeutendsten Entwicklungsschübe erlebte China unter den Kaisern, die ab dem 7. Jahrhundert n. Chr. an der Spitze des riesigen Reichs standen. Damals war die Produktion von Nahrungsmitteln bereits so gut, dass die Bevölkerungszahl einzelner Städte Größenordnungen annahm, wie sie bis dato unbekannt waren. Changan beispielsweise, die Hauptstadt des Tang-Reichs am Oberlauf des Huangho, entwickelte sich im 8. Jahrhundert mit bis zu zwei Millionen Einwohnern zur größten Stadt der

Welt. Die Zunahme der Bevölkerung machte China zu einer einzigartigen Wirtschafts- und Handelsmacht, wobei der Handel nicht nur über die Seidenstraße erfolgte, die China mit dem Vorderen Orient und Europa verband. Sichtbaren Ausdruck fand die chinesische Handelspotenz insbesondere in den Dschunken für den Seehandel, die vom Fassungsvermögen her doppelt so groß waren wie die Schiffe aus Konstantinopel. Chinesische Exportgüter waren vor allem Seide, und bald kam Porzellan hinzu, das unter den Tang erfunden wurde. Wie im Fall des Porzellans, behielten die Chinesen ihr technisches Wissen lange für sich. So ist auch die Kenntnis über die Herstellung von Papier, die in China für das 3. Jahrhundert n. Chr. nachgewiesen werden kann, erst über Chinesen in arabischer Gefangenschaft in den Vorderen Orient und von dort weiter nach Europa gelangt. Ebenso drang das Wissen um die Herstellung von Schwarzpulver, eine chinesische Erfindung aus dem 9. Jahrhundert, erst im 12. Jahrhundert in den Westen.

Die Chinesische Mauer ist über Jahrhunderte hinweg errichtet worden. Eroberer konnte sie zwar nicht abhalten, sie wurde jedoch zum Symbol des chinesischen Zusammengehörigkeitsgefühls.

China

**206–9 v. Chr.**
Herrschaft der Han-Dynastie; die Grundstrukturen des chinesischen Beamtenstaats werden gelegt

**140–87 v. Chr.**
Regentschaft des Kaisers Wu-ti; er schlägt die Hsiung-nu (Hunnen) zurück, die 400 Jahre später in Europa einfallen

**220–265 n. Chr.**
Zeitalter der »Drei Reiche« (Wei, Wu, Shu Han)

**317–589**
Trennung von Nord- und Südchina; im Norden entstehen 16 Reiche von Fremdvölkern; im Süden Fortführung der chinesischen Tradition und Verbreitung des Buddhismus

**725**
Gründung der Han-lin-Akademie zur Ausbildung von höchsten Beamten

**907–960**
Reichserneuerung in der Zeit der »Fünf Dynastien«

**960–1127**
Herrschaft der nördlichen Sung-Dynastie

**1127–1279**
Herrschaft der südlichen Sung-Dynastie

**1211–1215**
Einfall der Mongolen unter Dschingis-Khan in das chinesische Reich

**1264–1368**
Mongolenherrschaft in China

Kublai-Khan war der Enkel von Dhingis Khan und der erste Kaiser der Yuan-Dynastie (Regentschaft 1268–1294).

Ab dem 12. Jahrhundert hatten die Chinesen wiederholt unter Angriffen eines Nomadenvolks aus den nördlichen Steppen zu leiden, den Mongolen. Unter ihrem Herrscher Dschingis-Kahn drangen sie schließlich 1211 nach China vor und nahmen das gesamte Land im Handstreich ein. China wurde Teil des größten Reichs, das die Welt bis dahin gesehen hatte: Um 1260 erstreckte sich das Mongolenreich unter dem Enkel Dschingis-Kahns Kublai-Khan (1214–1294) vom Schwarzen bis zum Chinesischen Meer. Den Untergang dieses ausgedehnten Reichs hat eine Krankheit herbeigeführt, der ein Drittel bis die Hälfte allein der chinesischen Bevölkerung zum Opfer fiel: der Pest. Sie breitete sich vom östlichen Asien aus und forderte schließlich auch in Europa ungezählte Opfer. Als in China 1368, nach dem Untergang des Mongolenreichs, der erste Kaiser der Ming-Dynastie die Herrschaft übernahm, gab er die macht- und handelspolitische Richtung vor, an die sich seine Nachfolger bis ins 20. Jahrhundert hinein halten sollten: Hatten sich die Chinesen schon vor dem Einfall der Mongolen weitgehend abgeschottet, so schlossen sie nun ihr Reich fast vollständig nach außen hin ab.

### Mittelamerika

Was Mesopotamien für Asien war, das war die Gegend des heutigen Mexiko für den amerikanischen Kontinent: ein fruchtbares Gebiet, das aufgrund der Leistungen seiner Bewohner bei der erfolgreichen Kultivierung von Nutzpflanzen viele Völker anlockte. Immer wieder zog es Volksstämme in die Küstenbereiche Mittelamerikas, und ständig ergossen sich neue Einwandererströme in die mexikanische Hochebene. Wie zahlreiche Ausgrabungen in Zentralmexiko belegen, kam es dort vermutlich nach dem Untergang der Olmekenkultur um 800 v. Chr. zu größeren Ansiedlungen. Die Stadt Teotihuacán, in der bis zu 400 000 Menschen gelebt haben sollen, bildete sicher eine Ausnahme. Aber sie macht deutlich, welche großen Mengen an Lebensmitteln die Landwirtschaft bereits abwarf - und das, obwohl in Mittelamerika bis zur Ankunft der Spanier weder Pflug noch Rad bekannt waren. Weitere Einwanderungswellen führten im 3. und 4. Jahrhundert n. Chr. die Maya von Norden nach Mittelamerika - ein Volk von Ackerbauern, die für ihre Pflanzungen in den Urwäldern Brandrodung betrieben. Von ihnen sind Kultkomplexe mit Tempeln, Pyramiden und Gräbern erhalten, die mit reichen Ornamenten und einer hieroglyphenartigen Schrift versehen sind. Den Inschriften ist beispielsweise zu entnehmen, dass die Maya komplexe Berechnungen anstellen konnten und in der Lage waren, einen Kalender zu entwickeln, der auf astronomischen Beobachtungen aufbaute. Die Kultur der Maya war bereits im Niedergang begriffen, als um 1350 die Azteken in die Ebene von Mexiko einfielen und die dort siedelnden Völker und Stämme unterwarfen. Die Azteken ließen sich am Texoco-See nieder und errichteten dort ihre Hauptstadt Tenochtitlán. An der Spitze des streng geordneten und zentralistischen Aztekenreichs stand ein Herrscher, dem seine Untertanen zu Fronarbeit verpflichtet waren, dafür aber auch von ihm zentral mit Nahrungsmitteln versorgt wurden. Die Kultur der Azteken war weit entwickelt: Sie besaßen eine Schrift, kannten Ackerbau und Viehzucht und zeigten

Die riesige Ruinenstadt Tikal war in ihrer Blütezeit im 8. Jh. n. Chr. Zentrum eines der mächtigsten Königreiche der Maya. Die Anlage in den dichten Regenwäldern des heutigen Guatemala besteht aus zahlreichen Tempeln und Gräbern.

**Mittelamerika**

| Maya | Azteken | Inka |
| --- | --- | --- |
| **4.–7. Jh. n. Chr.**<br>Besteht das Alte Reich der Maya in der Gegend des heutigen Guatemala<br>**9./10. Jh.**<br>Übersiedlung der Maya auf die Halbinsel Yucatán<br>**1436**<br>Rückwanderung der Maya nach Guatemala | **um 1200**<br>Erste Siedlungen der Azteken im südlichen Mexiko<br>**um 1325**<br>Gründung der Hauptstadt Tenochtitlán am See von Mexiko<br>**1519–1521**<br>Zerstörung des Aztekenreichs durch den spanischen Eroberer Hernán Cortez | **13. Jh. n. Chr.**<br>Gründung der Hauptstadt Cuzco durch den Ersten Inka Manco Cápac<br>**1533**<br>Eroberung Cuzcos durch die Spanier und Zerschlagung des Inkareichs |

eine besondere künstlerische Begabung bei der Verarbeitung von Gold. Zum endgültigen Untergang der Maya trugen schließlich im 16. Jahrhundert die spanischen Eroberer bei, die mit brutaler Gewalt gegen sie vorgingen und in Massakern töteten.

So faszinierend für die Spanier die Goldschätze der Azteken waren, so grausam erschienen ihnen die religiösen Kulte des Volks, zu denen Menschenopfer zählten. Die Azteken waren nämlich der Überzeugung, dass sich die von ihnen verehrten Sonnengötter von menschlichem Herzblut ernährten. Daher entfernten sie ihren Opfern, die sie vermutlich aus den von ihnen unterworfenen Völkern auswählten, das Herz. Bei der Einweihung der Pyramide von Tenochtitlán sollen auf diese Weise 20 000 Menschen geopfert worden sein. Als der spanische Eroberer Hernán Cortez 1521 erbarmungslos gegen die Azteken vorging und ihr Reich zerstörte, verschwand auch dieser grausame Brauch.

Unberührt von diesen Entwicklungen lebten die Völker und Stämme Nordamerikas weiterhin überwiegend als Nomaden vom Jagen und Sammeln. Anders in Südamerika. Hier bauten die Inka im 12. Jahrhundert ein Reich auf, das sie dem von ihnen verehrten Sonnengott Inti unterstellten. Sein Stellvertreter auf Erden war der

Spanische Truppen unter Führung von Pedro de Alvarado überfallen und massakrieren die Maya. Alvarado gilt als einer der brutalsten unter den spanischen Eroberern. Kolorierter Kupferstich, Ende des 16. Jh.

Inka, aus dessen Familie auch die führenden Beamten des Reichs stammten. Alles im Reich des Inka wurde streng gedrittelt: Das Herrschaftsgebiet wurde durchgehend in Inka-, Tempel- und Gemeindeland aufgeteilt, und die Untertanen mussten ihre Arbeitszeit zu jeweils einem Drittel ihrem Gott Inti und dem Inka zur Verfügung stellen; das übrige Drittel verblieb ihnen für Arbeiten zum Unterhalt ihrer Familie. Eine straff organisierte Beamtenschaft sorgte dafür, dass sich die Bevölkerung an diese Regelungen hielt. Auf diese Weise war es den Inka möglich, bis zum Ende des 15. Jahrhunderts ein unglaublich großes Gebiet zu kontrollieren: Ihr Reich erstreckte sich zwischen der Westküste Südamerikas und den Anden auf einer Länge von über 3000 Kilometern. Allein das Wegesystem, das die Inka in diesem Reich von ihren Untertanen anlegen ließen, war 10 000 Kilometer lang. Selbst wenn die Inka über eine starke Streitkraft verfügten, hatten sie gegen die spanischen Eroberer keine Chance. Als die Spanier 1533 Cuzco, die Hauptstadt der Inka, einnahmen, brach das riesige Reich zusammen.

Die berühmte Inkastadt Machu Picchu wurde erst 1911 von dem US-Amerikaner Hiram Bingham entdeckt. Da man der Stadt keinen Namen zuordnen konnte, ist sie nach dem benachbarten Berg Machu Picchu (»Alter Gipfel«) benannt.

### Eine neue Welt

Im Übergang vom 15. zum 16. Jahrhundert veränderte sich für die Europäer die Welt – und die Welt wurde von ihnen verändert. In Handel, Politik, Religion, Technik und Wissenschaft, in allen Lebensbereichen, trat Europa in eine neue Phase seiner Geschichte, die sogenannte Neuzeit.

Ein Auslöser für die epochalen Veränderungen in Europa war ein folgenreiches Ereignis am äußersten östlichen Rand des Kontinents: 1453 eroberten die Osmanen die Stadt Byzanz. Was den islamischen Kämpfern innerhalb von 800 Jahren nicht geglückt war, brachten somit die gleichfalls muslimischen Osmanen zustande, die sich ab Mitte des 12. Jahrhunderts als überaus kriegstüchtig erwiesen hatten. Von da an hatte der Nomadenstamm turkmenischer Herkunft vom östlichen Anatolien aus ganz Kleinasien unterworfen und Anfang des 15. Jahrhunderts bereits Teile des Balkans erobert. Nach ersten fehlgeschlagenen Versuchen setzte sich Sultan Mehmed II. (Regentschaft 1451–1481) das feste Ziel, Byzanz einzunehmen, was ihm nach zweimonatiger Belagerung auch gelang. Für ihn und die nachfolgenden Sultane war dies nur ein militärischer Erfolg von vielen. Bis zu Beginn des 16. Jahrhunderts sollten sie noch Syrien, die arabische Halbinsel, das Zweistromland, Ägypten und Libyen erobern und in Europa über den Balkan und Ungarn bis nach Österreich vordringen. 1529 belagerten sie erstmals Wien, konnten aber zurückgeschlagen werden. Die ständige Bedrohung, dass Europa von den Osmanen erobert und islamisiert werden könnte, hielt die christlichen Europäer vor allem im Osten des Kontinents über Jahrhunderte in Atem. Erst mit der Entscheidungsschlacht am 12. September 1683 am Kahlenberg bei Wien konnte die osmanische Vormacht im Osten Europas gebrochen werden. Das Osmanische Reich bestand – einschließlich seiner großen Territorien auf dem Balkan – aber noch bis 1923 fort.

Mit Byzanz ging für die Europäer 1453 unter anderem ein wichtiger Stützpunkt für den Handel mit dem Orient, aber auch mit Indien und China verloren. Bislang hatten vor allem die Kaufleute und Reeder aus Venedig von diesen Fernhandelsbeziehungen profitieren können. Mit der Ausweitung des Osmanischen Reichs über den gesamten Vorderen Orient waren die Verbindungen in den Osten wenn nicht unterbrochen, so doch stark eingeschränkt. Die Handelsmacht Venedigs wurde daher geschwächt und versank bald in Bedeutungslosigkeit.

Von diesen Entwicklungen profitierten zunächst vor allem die Portugiesen. Ab dem frühen 15. Jahrhundert hatten sie sich auf den Überseehandel mit dem westlichen Europa und entlang der Westküste Afrikas verlegt. Insbesondere der portugiesische Königssohn Heinrich (1394–1460) förderte die Hochseeschifffahrt, was ihm den Beinamen »der Seefahrer« einbrachte. In seinem Auftrag drangen portugiesische Seeleute erstmals auf dem Atlantik nach Westen vor und entdeckten 1419 Madeira und 1427 die Azoren. Andere segelten entlang der Westküste Afrikas. Auf der Suche nach einem Seeweg nach Indien entdeckte 1487 der Portugiese Bartolomeo Diaz, dass die Südspitze Afrikas umsegelt werden konnte. Aber erst sein Landsmann Vasco da Gama gelangte 1498 dann auch tatsächlich über diese Route nach Indien.

Mit dem Versprechen, einen Seeweg zu den wichtigen Fernhandelszielen Asiens zu finden, wandte sich der aus Genua stammende Cristoforo Colombo (Christoph Kolumbus) an den spanischen Hof. Dort fand er allerdings erst Gehör und finanzielle Unterstützung, als es dem spanischen König Ferdinand II. († 1516) und seiner Frau Isabella von Kastilien († 1504) gelang, den aufwendigen Kampf gegen die Herrschaft der Araber in Südspanien erfolgreich zu

Der Genueser Cristoforo Colombo (Christoph Kolumbus) überquerte 1492 auf der Suche nach einem Seeweg nach Indien den Atlantik und landete zunächst auf den Bahamas.

Die Illustration zeigt eine Szene aus der Reconquista, der Rückeroberung Spaniens für die Christenheit. Die christlichen Verbände kämpfen unter einem Banner, das Maria mit dem Jesuskind zeigt.

beenden. Jahrhundertelang hatten die spanischen Christen versucht, in der Reconquista (spanisch für »Rückeroberung«) die arabisch-muslimische Vorherrschaft auf der Iberischen Halbinsel zu brechen. Doch erst 1492 konnten sie die letzten Muslime aus Granada vertreiben.

Die Reconquista hatte bis dahin die Finanzen der spanischen Herrscher erheblich belastet. Diese Mittel konnten nun auch sie nach portugiesischem Vorbild für Forschungs- und Entdeckungsreisen verwenden. Mit diesem Ziel stach am 3. August 1492 Kolumbus vom südspanischen Hafen Palos de la Frontera aus in See. Als er am 12. Oktober auf einer Bahamainsel landete, glaubte er daher zunächst, in Indien zu sein. Auf das zentralamerikanische Festland stieß er nach weiteren Erkundungsfahrten erst 1502. Als Christoph Kolumbus 1506 in Spanien starb, zeichnete sich aufgrund der Berichte anderer Seefahrer bereits ab, dass er einen neuen Kontinent entdeckt hatte. Dass er »Amerika« heißt, ist dem deutschen Kartografen Martin Waldseemüller zuzuschreiben. Er hatte die Briefe des italienischen Seefahrers Amerigo Vespucci gelesen, in denen dieser von seinen Entdeckungsfahrten berichtete. Daher hielt Waldseemüller ihn für den eigentlichen Entdecker des Kontinents. Auf seiner 1507 angefertigten Weltkarte benannte er den Kontinent folglich nach Vespuccis Vornamen »America«.

### Glaubensfragen

In religiöser Hinsicht war der Fall von Konstantinopel, dem Hauptsitz der orthodoxen Kirche, für die Christen im Westen nur ein Ereignis am Rande. Die römisch-katholische Kirche befand sich damals in einer schweren Krise, die die Kirchenleitung stark in Anspruch nahm. Ab dem 13. Jahrhundert hatten wiederholt Mönche, weltliche Geistliche und Laien die Kirche kritisiert und für Unruhe unter den Gläubigen gesorgt. Grund dafür waren der Reichtum und die Ämterhierarchie der Kirche, die für die Gegner in krassem Gegensatz zu den Berichten über die Armut und Barmherzigkeit Christi und der Apostel standen, von denen die Evangelisten berichten. Aber auch die Lehrmeinung der Kirche wurde hinterfragt. So erhob etwa der Oxforder Professor und Prediger John Wyclif († 1384) in verschiedenen Schriften und Predigten radikale Forderungen. Seiner Meinung nach sollte für die christliche Lehre ausschließlich das gelten, was in der Heiligen Schrift geschrieben stand. Aus diesem Grund verwarf er beispielsweise die Verehrung von Heiligen und Reliquien, lehnte bildliche Darstellungen in den Gotteshäusern ab und stellte die kirchliche Hierarchie und überhaupt die weltliche Macht des Papsttums grundsätzlich infrage. Zwar stießen Wyclif und andere Kirchenkritiker bei vielen Zeitgenossen auf offene Ohren, den weltlichen und geistlichen Obrigkeiten gelang es jedoch immer wieder, sie und ihre Anhänger mit Macht zu unterdrücken. Das änderte sich mit einer Erfindung, die ihre Gedanken auf eine Art verbreitete, die nicht mehr einzudämmen war: die Erfindung des Buchdrucks und damit die Verbreitung von Flugblättern. Mit ihnen konnten die Reformer ihre Ideen der Bevölkerung mit Bildern und Texten vermitteln. Den Weg dazu haben Nürnberger Kaufleute bereitet, die Anfang des 15. Jahrhunderts aus China die Kenntnis des Druckens mitgebracht hatten. Der findige Geschäftsmann Johannes Gutenberg aus Mainz, der um 1450 zum Buchdrucker wurde, hat die Drucktechnik perfektioniert und in ganz Europa bekannt gemacht.

Dank des Buchdrucks fanden Anfang des 16. Jahrhunderts die kirchenkritischen Gedanken Martin Luthers (1483–1546) rasch große Verbreitung. Ein Auslöser für seine Kirchenkritik war der Ablasshandel eines Predigers. Dieser hatte seinen Zuhörern gegen Bezahlung die Befreiung von zeitlichen Sündenstrafen – also der ihnen je nach Schwere ihrer Vergehen im Jenseits für eine unterschiedliche lange Zeit drohenden Strafen – versprochen, um auf diese Weise Geld für den Bischof von Mainz und den Papst zu sammeln. Als Luther seine 95 Bemerkungen zur allgemeinen Situation der Kirche und zur Verbesserung ihrer Lage am 31. Oktober 1517 in der Universitätsstadt Wittenberg öffentlich bekannt machte, sprach sich dies schnell herum. Seine Thesen wurden unter Gelehrten und Studenten und bald auch in den Gemeinden heftig diskutiert. 1520 fasste Luther seine Gedanken dann in verschiedenen Programmschriften zusammen: Für ihn stand fest, dass in Glaubensdingen nur die Aussagen der Bibel zählen *(sola scriptura)*, die später entwickelten Lehren der Kirche also keine Geltung haben, und dass die Menschen allein durch ihren Glauben *(sola fide)* und die Gnade Gottes *(sola gratia)* zur Seligkeit gelangen. Gute Werke rechtfertigten den Menschen vor Gott seiner Ansicht nach nicht.

Das Gemälde von Lukas Cranach d. Ä. zeigt den jungen Martin Luther (Ausschnitt), um 1520.

Die Streitigkeiten zwischen Luther und der Kirche führten im Deutschen Reich zu einer Polarisierung der Bevölkerung, die nicht mehr rückgängig zu machen war. Dem trugen auch die Parteien Rechnung, die 1555 den Augsburger Religionsfrieden aushandelten. In ihm

**Die Reformation in Deutschland**

**1517**
Luther macht 95 Thesen zur Lage der Kirche und zum Ablasshandel in Wittenberg bekannt (Anschlag der Thesen an der Schlosskirche)
**1519**
Leipziger Disputation Luthers mit dem Theologieprofessor Johannes Eck aus Ingolstadt; Bruch Luthers mit der römischen Kirche
**1520**
Luther macht durch drei programmatische Veröffentlichungen auf sich aufmerksam, in denen er seine Glaubensüberzeugungen darlegt
**1530**
Veröffentlichung der *Confessio Augustana,* in der die »Protestanten« ihr Glaubensbekenntnis niederlegen; sie wird von Kaiser Karl V. (Regentschaft 1520–1556, ab 1530 Kaiser) abgelehnt
**1531**
Protestanten schließen sich zum Schmalkaldischen Bund mit Bundesheer zusammen; der Kaiser bemüht sich um Ausgleich
**1546/47**
Schmalkaldischer Krieg: Versuch, die konfessionelle Frage mit Gewalt zu lösen
**1555**
Unterzeichnung des Augsburger Religionsfriedens: die Konfession der Untertanen richtet sich nach der ihres Landesherrn; Gültigkeit nur für die katholische und die lutherische Konfession

wurde unter anderem bestimmt, dass die Untertanen dem Bekenntnis ihres Landesherrn folgen müssen (»Cuius regio, eius religio«). Damit wurde die Teilung des Reichs in katholische oder »protestantische« Territorien besiegelt.

Die ersten Erfolge Luthers ermutigten auch andere Kirchenreformer, für ihre Ideen zu werben. So fand Huldreich Zwingli (1484–1531) ab 1522 in Zürich zahlreiche Anhänger. Er trat für das Verbot vieler bislang in der Kirche gebräuchlicher Kultformen wie Heiligen- und Reliquienverehrung ein und forderte eine strenge öffentliche Sittenkontrolle.

Nachdem Huldreich Zwingli sich gegen Bilder in der Kirche ausgesprochen hatte, wurden 1524 in Zürich die Gotteshäuser von »Götzenbildern« befreit.

Mit einem ähnlichen Programm fand der aus Nordfrankreich stammende Reformator Jean Calvin (1509–1564) 1536 in Genf Gehör. Er predigte, dass Heil und Verdammnis der Menschen von Gott vorherbestimmt seien, dass aber jeder, der sein Leben nach dem Gesetz der Heiligen Schrift ausrichtet, auf die Erwählung durch Gott hoffen dürfe. In Fragen der kirchlichen Organisation war er der Auffassung, dass die Gemeinde über ihre Seelsorger selbst entscheiden solle, was dann in Genf mit der Wahl der Pastoren durch das Kirchenvolk schließlich geschah.

Jean Calvin reformierte die Genfer Kirche.

Durch die Aktivitäten der Reformatoren sah sich die katholische Kirche lange Zeit in der Defensive, ergriff aber in den 1540er-Jahren die Initiative zu einer inneren Erneuerung. Im Laufe des Konzils von Trient (1545–1563) fassten die Kirchenoberen zahlreiche Beschlüsse zu einer klareren Definition der katholischen Glaubenslehre und zu einer Neuordnung der seit Langem nicht nur von den Reformatoren kritisierten Priesterausbildung.

Unterdessen gewannen die »Protestanten«, wie sich die Reformatoren nun vermehrt nannten, eine immer größere Gefolgschaft: Luther vor allem im Deutschen Reich, Zwingli über Zürich hinaus in Bern, St. Gallen, Konstanz und Straßburg und Calvin in Frankreich, den Provinzen der Niederlande und Schottland. Vor allem in Frankreich waren die Anhänger Calvins in den sogenannten Hugenottenkriegen (1562–1598) schweren Verfolgungen ausgesetzt, die die königliche (und damit katholische) Seite mit Gewalt für sich entschied. In den Niederlanden, die aufgrund von Erbfolge an die spanische Krone gekommen waren, sorgten ab 1568 die Kämpfe zwischen dem katholischen Königshaus und den vorwiegend calvinistischen Untertanen für jahrzehntelange Unruhen, die erst 1648 mit einem Friedensschluss endgültig beigelegt werden konnten. 1648 markiert zugleich das Ende des Dreißigjährigen

Kriegs (1618–1648). Obwohl an ihm auch andere europäische Mächte beteiligt waren, wurde er vor allem auf dem Boden des Deutschen Reichs ausgetragen. Auf katholischer Seite griff Frankreich und zur Unterstützung der Protestanten Schweden in die Kämpfe ein. Der Krieg, in dem die Kontrahenten bald konfessionelle und machtpolitische Interessen miteinander vermengten, richtete in vielen Regionen des Reichs schwerste Schäden an. Ganze Landstriche wurden durch Kampfhandlungen und Kriegsfolgen beinahe entvölkert und verwüstet. Auch in machtpolitischer Hinsicht ging das Deutsche Reich aus dem Krieg geschwächt hervor, denn mit dem Friedensvertrag von 1648 erhielten die regionalen Machthaber volle Souveränität in ihren Herrschaftsgebieten. Das Deutsche Reich wurde zu einem politischen »Flickenteppich« aus 361 eigenständigen Staaten. Die Macht des Kaisers war entschieden geschwächt.

### Die Verteilung der Macht

In der zweiten Hälfte des 17. Jahrhunderts erlebten einige europäische Mächte einen enormen Aufschwung: Schweden, dessen Herrschaftsgebiet damals zugleich das Territorium des heutigen Finnland umfasste, wurde zur Großmacht im Ostseeraum. Die Niederlande erlangten mit ihren zahlreichen Städten, ihren Häfen und Flotten den Status einer Handelsgroßmacht. Und Frankreich wurde nicht nur zu einem der beherrschenden Machtfaktoren auf dem Kontinent, sondern zum Musterstaat des »Absolutismus« schlechthin.

Die Grundlagen für die uneingeschränkte Macht des französischen Königs legten zwei Kardinäle in französischem Staatsdienst: Armand-Jean du Plessis de Richelieu und Jules Mazarin. Kardinal Richelieu setzte ab 1624 als erster Minister König Ludwigs XIII. (Regentschaft 1610–1643) alles daran, die Macht des Königs zu stärken: Er drängte den Einfluss des Hochadels auf die Krone zurück und ignorierte die Forderungen der Generalstände, die bereits ab 1614 nicht mehr einberufen worden waren. Diese Versammlung aus Vertretern der Geistlichkeit, des Adels, von Bürgern und Bauern war bis dato unregelmäßig mit Vertretern der Regierung zusammengekommen, um beispielsweise über Gesetzesänderungen oder Höhe und Art der Steuerzahlungen zu beraten. Richelieus Amtsnachfolger Kardinal Mazarin (im Amt 1643–1661) setzte die Politik der Zentralisierung der Macht in den Händen des Königs gegen den heftigen Widerstand des Adels fort. Mit Erfolg: Als nach Mazarins Tod 1661 Ludwig XIV. (Regentschaft 1661–1715) die Regierungsgeschäfte persönlich übernahm, war der Boden für seine absolute Herrschaft bereitet. Er, der seiner Herrschaftsauffassung nach nur Gott gegenüber verantwortlich war und über den Gesetzen stand, war Gesetzgeber, oberster Richter und Kriegsherr in einem. Im Inneren des Reichs stützte er sich auf eine hierarchisch gegliederte Beamtenschaft, die seinen Willen in ganz Frankreich durchsetzte. Um äußere Feinde zu bekämpfen diente ihm ein stehendes Heer zur Umsetzung seiner Machtansprüche. Alles war auf ihn zugeschnitten. Entsprechend war auch die prachtvolle Hofhaltung in Paris und in dem von ihm ausgebauten Schloss Versailles völlig auf ihn konzentriert. Er war der »Sonnenkönig«, in dessen Glanz alles erstrahlte.

Der »Sonnenkönig« Ludwig XIV. ließ sich 1701 im Alter von 63 Jahren in vollem Staatsornat von dem Maler Hycinthe Rigaud porträtieren.

Die finanziellen Mittel für Verwaltung, Militär und Hofhaltung erwirtschaftete Finanzminister Jean-Baptiste Colbert unter anderem mit dem von ihm entwickelten System des Merkantilismus: Er stärkte die Warenproduktion durch den Aufbau von Manufakturgroßbetrieben, wodurch die Ausfuhr französischer Güter erhöht werden konnte. Im Gegenzug wurde die Einfuhr beschränkt, sodass eine aktive Handelsbilanz mit dem Ausland entstand. Die Einnahme von Zöllen und Steuern taten ein Übriges, den König mit Finanzmitteln zu versorgen.

Die absolutistische Regierungsform und Hofhaltung wurde auch im Deutschen Reich von vielen Landesfürsten übernommen. So setzte Kurfürst Friedrich Wilhelm (Regentschaft 1640–1688) in Brandenburg-Preußen die absolutistische Herrschaftsform durch. Sein Sohn und Nachfolger Friedrich Wilhelm, der 1701 König von Preußen wurde (Regentschaft bis 1713), baute als »Soldatenkönig« ein schlagkräftiges Heer auf. Ihm folgte Friedrich II. (1740–1786), der dann als »aufgeklärter« Herrscher den Absolutismus in Preußen modifizierte: Er verstand sich als erster Diener des Staats und sah sein oberstes Ziel darin, das Glück der Untertanen zu fördern. In diesem Sinne machte er Preußen durch gezielte Landkultivierung, Wirtschafts- und Bildungspolitik zu einem der führenden Staaten im Deutschen Reich.

Die Spiegelgalerie von 1678 war der wichtigste Repräsentationssaal von Schloss Versailles. Unter Charles Le Brun entstand die Innendekoration von 1679 bis 1686.

Bei aller Bewunderung, die er bei vielen Fürsten fand, hat sich Ludwig XIV. zugleich viele Feinde gemacht. Mit Eroberungskriegen im Elsass, in Burgund und gegen die Niederlande versuchte er, Frankreich zur Großmacht zu erheben. Dabei stieß er auf den heftigen Widerstand von England und den Habsburgern, die sowohl in Öster-

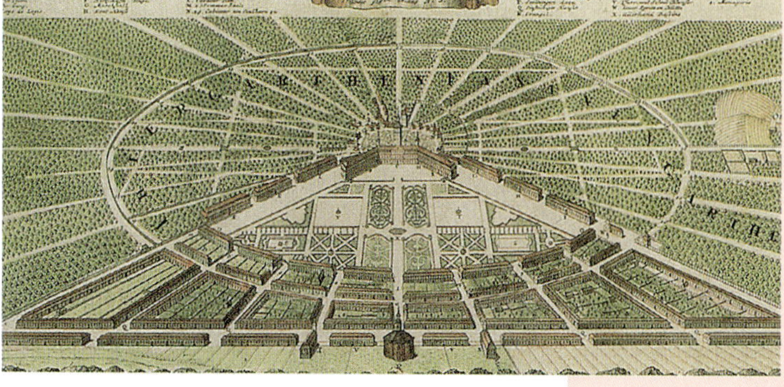

In der zentralistisch angelegten Stadt Karlsruhe kommt der Anspruch absoluter Herrschaft zum Ausdruck.

reich als auch in Spanien regierten und denen noch Teile der ehemaligen Niederlande (das heutige Belgien) unterstanden. Erst nach langen Kämpfen und Verhandlungen wurden 1713/14 eindeutige Bestimmungen zu den Einflusssphären auf dem europäischen Festland getroffen: Im Sinne eines »Gleichgewichts der Kräfte« sollten Spanien, Österreich und Frankreich trotz verwandtschaftlicher Beziehungen unter den Herrscherhäusern künftig getrennte Wege gehen.

Das Gemälde von J. G. Ziesenis zeigt Friedrich II. von Preußen, »den Großen«, im Alter von 58 Jahren.

Selbst wenn eine absolute Herrschaft für viele Monarchen Europas ein Ideal darstellte, ließ sie sich nicht überall durchsetzen. In England kam es nach zahlreichen unter anderem religiös motivierten Aufständen gegen die absolutistischen Bestrebungen der Könige im 17. Jahrhundert zur Bildung einer parlamentarischen Monarchie: In der *Declaration of rights* schlossen 1689 der König und das im Namen des souveränen Volks handelnde Parlament einen Vertrag, in dem Rechte und Pflichten beider Seiten festgelegt wurden. Das Parlament verfügte demnach über die gesetzgebende Gewalt, das Recht der Steuerbewilligung und die Kontrolle über die Verwendung staatlicher Gelder. Der König war dagegen nur noch Staatsoberhaupt und hatte die ausführende Gewalt inne. Von einem absoluten Herrscher trennten ihn Welten.

### Der Glaube an die Vernunft

Der Name war Programm: Mit dem Licht der Erkenntnis wollten die Aufklärer die Dunkelheit des Unverstandes vertreiben und – wie es der deutsche Philosoph Immanuel Kant (1724–1804) ausdrückte – »den Ausgang des Menschen aus seiner selbst verschuldeten Unmündigkeit« ermöglichen. Die Unmündigkeit hatte für die Aufklärer ihre Ursache in der Reglementierung des Denkens durch weltliche und geistliche Mächte;

und sie war selbst verschuldet, weil bei genauem Nachdenken niemand erklären konnte, warum er sich in seinem Denken einschränken lassen sollte, vorausgesetzt, dass es von der Vernunft geleitet war.

Um sich nicht kirchlichen Repressalien auszusetzen, siedelte der französische Mathematiker und Philosoph René Descartes (1596–1650) 1630 von Frankreich in die protestantischen Niederlande über. Dort herrschte für Denker wie ihn ein toleranteres Klima. So wurde er zum Vorkämpfer des Rationalismus, der nur das als gewiss ansieht, was der Mensch klar und deutlich erkennt. Von den Niederlanden strahlte der aufklärerische Rationalismus dann vor allem nach England und Frankreich aus.

Die Anfänge ihrer »rationalen Revolution« erkannten die Aufklärer im Humanismus der Renaissance. Denn die Humanisten waren erstmals seit der Antike dafür eingetreten, dass die Menschen von der Kirche die Freiheit erhielten, ihr ganzes geistiges Potenzial ohne Einschränkungen zu entfalten. In diesem Sinne zählten die Aufklärer zahlreiche Gelehrte und Naturforscher des 16. und 17. Jahrhunderts zu ihren geistigen Ahnen: Nikolaus Kopernikus (1473–1543), der erkannt hatte, dass im Kosmos nicht die Erde, sondern die Sonne das Zentralgestirn darstellt; Johannes Kepler (1571–1630), der erstmals die Planetenbahnen berechnet hatte; und Galileo Galilei (1564–1642), der die Fall- und Bewegungsgesetze formuliert hatte. Allen diesen Forschern war gemeinsam, dass ihnen die bloße Sinneswahrnehmung nicht genügte. Sie waren der Meinung, dass sie eine Naturerscheinung erst dann begriffen hatten, wenn ihnen klar war, wie sie entstanden war, wenn sie dabei Gesetzmäßigkeiten ausmachen und diese in Zahlen und Maßen angeben konnten. Diese Vorstellungen teilten bald auch viele Forscher, die sich der Natur zuwandten, die sie unmittelbar umgab. In Laboratorien versuchten sie, Naturvorgänge so lange zu wiederholen, bis sie sie vollständig analysiert und verstanden hatten. Naturbeobachtung, Experiment und logisches Folgern waren die

Grundbestandteile ihres Arbeitens. Sie setzten sich damit der scharfen Gegnerschaft der Kirche aus, die die rein rationale Erklärung der Natur ablehnte, weil in ihr das Wirken Gottes keine Rolle spielte. Nicht zuletzt, weil die Kirche 1633 Galilei gezwungen hatte, seine Lehren zu widerrufen, zog sie sich ihrerseits die ganze Verachtung der Aufklärer zu.

Der aus Genf stammende Jean-Jacques Rousseau war Schriftsteller, Philosoph und Pädagoge. Gemälde von Maurice Quentin de Latour, 1753

Viele Gelehrte wandten sich von der Kirche ab und wollten nur noch das als religiöse Wahrheit anerkennen, das allen Religionen gemeinsam ist, also etwa der Glaube an ein höheres Wesen, das man verehrt und nach dessen Willen man sein Leben ausrichtet.

Eine entsprechend rationale Haltung legten die Denker der Aufklärung auch in Fragen der Gesellschaft und des Staates an den Tag. Sie vertraten die Auffassung, dass alle Menschen im Urzustand frei und gleich waren. Daher lehnten sie den Vorrang bestimmter Stände oder Abhängigkeitsverhältnisse in der Gesellschaft (und damit beispielsweise die Sklaverei) grundsätzlich ab. Der Engländer John Locke (1632–1704) forderte, dass die Gewalt im Staat nicht einem Einzelnen anvertraut werden solle, sondern vielmehr auf mehrere zu verteilen sei. Die Macht sollte seiner Meinung nach durch Volksvertreter ausgeübt werden, die vom Volk gewählt sind. In diese Richtung wies auch der Genfer Jean-Jacques Rousseau (1712–1778), der das souveräne Volk zum Träger aller Staatsgewalt erklärte. Nur wenn das Volk die Staatsgewalt nicht selbst ausüben könne, sei es gehalten, sie ausgewählten Personen zu übertragen. Diesen Regierungsauftrag, erklärte Rousseau weiter, könne das Volk jederzeit wieder zurücknehmen. Als Rousseau 1778 starb konnte er nicht ahnen, dass elf Jahre später das französische Volk entsprechend handeln und damit die Französische Revolution auslösen würde. Doch zuvor sollten die politischen Gedanken der Aufklärung in Amerika ihre Kraft entfalten.

## Amerika und der amerikanische Befreiungskrieg

Nach der Entdeckung Amerikas hatten Spanien und Portugal vor allem die Mitte und den Süden des Kontinents unter ihre Kontrolle gebracht. Bereits kurz nach den ersten Eroberungen vermittelte Papst Alexander VI. (Pontifikat 1492–1503) 1494 den Vertrag von Tordesillas, der die Teilung der Neuen Welt in ein spanisches und ein portugiesisches Kolonialreich vorsah. Die Grenze sollte 100 spanische Meilen (etwa 480 Kilometer) westlich der Kapverdischen Inseln von Pol zu Pol verlaufen. Als diese Grenze später um weitere 1290 Kilometer nach Westen verschoben wurde, fiel der östliche Teil Südamerikas, das heutige Brasilien, den Portugiesen zu. Die westlichen Gebiete unterwarfen spanische Abenteurer und Eroberer mit den unterschiedlichsten Motiven – von persönlichem Ehrgeiz

**Die Kolonisierung Nordamerikas und der Befreiungskrieg der Vereinigten Staaten von Amerika**

**1584**
Walter Raleigh gründet Virginia, wo mit Jamestown (1607) die erste englische Siedlung in der Neuen Welt entsteht

**1608**
Gründung von Quebec

**ab 1625**
Missionstätigkeit französischer Jesuiten

**1620**
Überfahrt der »Pilgerväter« (Puritaner) von England nach Massachusetts

**1632**
Englische Katholiken gründen Maryland

**1643**
Französische Kolonisten gründen Montreal

**1682**
Franzosen erforschen das Mississippigebiet und errichten Forts, die die neue französische Kolonie (1718) sichern

**1683**
William Penn gründet Philadelphia und die Quäkerkolonie Pennsylvania

**1713**
Nachdem Großbritannien das den französischen Gebieten vorgelagerte Neufundland und Neuschottland erhält, verschärft sich die Konfrontation zwischen britischen und französischen Kolonisten

**1754–1763**
Britisch-Französischer Kolonialkrieg, den Großbritannien für sich entscheidet

**1763**
Unterzeichnung des Friedens von Paris; Großbritannien erhält von Frankreich unter anderem Kanada und Louisiana

**1775–1783**
Unabhängigkeitskrieg Nordamerikas

**1776**
4. Juli: Unabhängigkeitserklärung der damals 13 Kolonien als Vereinigte Staaten von Amerika (USA)

**1783**
Unterzeichnung des Friedens von Versailles; Großbritannien erkennt die amerikanische Unabhängigkeit an

**1787**
17. September: Inkrafttreten der Verfassung der Vereinigten Staaten von Amerika

und Ruhmsucht über Goldrausch bis hin zum Missionseifer. 1524 richtete die spanische Regierung den Indienrat in Sevilla ein, der den Wildwuchs der Eroberungsunternehmungen in Amerika eindämmen sollte. Der Indienrat wurde zur Zentralbehörde für verwaltungstechnische, rechtliche und kirchliche Belange in den spanischen Kolonien.

Auch England schickte ab Ende des 15. Jahrhunderts Seefahrer auf die Suche nach einem westlichen Seeweg, über den Indien erreicht werden könnte. In diesem Zuge entdeckte 1497 der Florentiner Giovanni Caboto den Nordteil des amerikanischen Kontinents. Ende des 16. Jahrhunderts wurde England zur führenden europäischen Seemacht, denn 1588 war der Flottenverband der Armada, der ganze Stolz der Seemacht Spanien, teils von den Engländern geschlagen worden, teils in einem Sturm untergegangen. Die Spanier hatten mit der Armada eine Strafaktion gegen England unternehmen wollen, nachdem es sich in Glaubensfragen von Rom losgesagt hatte und die katholische Königin Maria von Schottland hingerichtet worden war.

Mit Beginn des 17. Jahrhunderts suchten vor allem die wegen ihres Glaubens verfolgten Puritaner aus England ihre Freiheit jenseits des Atlantiks und siedelten sich in Nordamerika an. Bis Mitte des 18. Jahrhunderts kontrollierten die rund 400 000 englischen Siedler fast die gesamte Ostküste. Auch Franzosen begannen in Nordamerika mit der Kolonisation. Da sie, anders als die englischen Kolonisten, eine staatliche Erlaubnis für ihre Übersiedlung benötigten und diese nur schwer zu erhalten war, war ihre Zahl erheblich geringer. In den Gebieten des heutigen östlichen Kanada gab es nur etwa 26 000 Franzosen, und im Mündungsgebiet des Mississippi belief sich ihre Zahl auf gerade einmal 3200. Der englische Staatsmann William Pitt sah also gute Chancen für sein Land, die französische Kolonialmacht in Nordamerika auszuschalten. Dennoch zog sich der Kolonialkrieg zwischen den beiden Seemächten von 1754 bis 1763 hin. Er ging zwar zugunsten Englands aus, belastete die Finanzen des Königreichs aber erheblich.

Trotz des Erfolgs waren die Beziehungen zwischen den 13 englischen Kolonien und ihrem Mutterland gespannt. Ein Grund dafür bestand in der wirtschaftlichen Bevormundung der Kolonisten durch England. Aus Amerika durften nämlich nur bestimmte Produkte wie Getreide, Tabak und Wolle nach England geliefert werden; umgekehrt waren die Kolonisten gezwungen, festgesetzte Waren wie Waffen oder Einrichtungsgegenstände abzunehmen. Als sich die Kolonisten auch noch an den Folgelasten des Kolonialkriegs beteiligen sollten und England sie daher mit Steuern belegte, kam es in Nordamerika zu Protesten, die schließlich im Befreiungskampf der 13 Kolonien mündeten. In den sieben Jahren des Kampfs gegen England von 1775 bis 1783 wurde George Washington (1732–1799) zur führenden Persönlichkeit im Kongress, zu dem sich die Vertreter der Kolonisten zusammenfanden. Gemeinsam mit dem ehemaligen preußischen Offizier Friedrich Wilhelm von Steuben organisierte Washington den militärischen Widerstand der Kolonien und führte sie schließlich zum Sieg. Am 4. Juli 1776 erklärten die Kolonien ihre Unabhängigkeit von England. Es dauerte allerdings noch elf Jahre, bis die 13 Kolonien eine gemeinsame Verfassung verabschiedeten. Es war die erste Verfassung, die auf den Ideen der Aufklärung beruhte und die allgemeinen Menschenrechte zum obersten Ziel des Staates erklärte. Demnach waren in den Vereinigten Staaten alle Menschen gleich. Zu ihren verbrieften Rechten gehören Leben, Freiheit und das Streben nach Glück. Das amerikanische Volk hatte das Recht und die Pflicht, Regierungen abzusetzen, die diese Rechte verletzten. Schon wenige Jahrzehnte später stand die Regierung angesichts dessen vor einer ernsten Bewährungsprobe.

In der Independence Hall in Philadelphia beschlossen am 4. Juli 1776 die Mitglieder des Second Continental Congress die Unabhängigkeit der Vereinigten Staaten von ihrem einstigen Mutterland Großbritannien.

## Eine Revolution mit großer Wirkung: 1789

In der französischen Bevölkerung machte sich im 18. Jahrhundert zunehmend Unmut breit. Vor allem die Bauern und das Bürgertum, die mit Landwirtschaft, Handel und Gewerbe den Wohlstand Frankreichs erwirtschafteten, fühlten sich vom König missachtet. Während Adel und Geistlichkeit – die ersten beiden Stände – nach wie vor über Ehren- und Besitzrechte verfügten, hatten Bürger und Bauern – der dritte Stand – keine vergleichbare Chance, ebenfalls finanziell vorteilhafte Rechtstitel zu erhalten. Auch ein Mitspracherecht bei politischen Entscheidungen war ihnen verwehrt, obwohl es ihnen, wie die Aufklärer erklärt hatten, eigentlich zustehen sollte. Als sich im harten Winter 1788/89 nach Missernten in den vorangegangenen Jahren die schlechte Versorgungslage in Frankreich zuspitzte, war die Stimmung von Bürgern und Bauern auf einem Tiefpunkt angelangt.

König Ludwig XVI. (Regentschaft 1774–1792) wusste von der angespannten Lage in seinem Land, als er sich im Frühjahr 1789 aus Finanznot dazu gezwungen sah, die Steuern zu erhöhen. Dafür wollte er die Zustimmung der Generalstände einholen, also jener Vertretung der drei Stände, die seit 1614 nicht mehr einberufen worden war. Als es über die Zusammensetzung und die Abstim-

Der Sturm auf die Bastille in Paris am 14. Juli 1789 war der Auftakt zur Französischen Revolution. Zeitgenössischer Kupferstich

mungsmodalitäten in den neu berufenen Generalständen zu Auseinandersetzungen kam, erklärten sich die Vertreter des dritten Standes Anfang Mai 1789 kurzerhand zur verfassungsgebenden Nationalversammlung. Sie luden die beiden anderen Stände ein, mit ihnen über die Schwierigkeiten des Landes zu beraten. Nach einigen Tagen kamen diese auf Anraten des Königs dem Wunsch nach.

Die Generalstände versammelten sich in einer äußerst angespannten Atmosphäre. In ganz Frankreich herrschte nämlich weiterhin Unruhe unter der hungernden Bevölkerung. In Paris stürmten Aufständische am 14. Juli 1789 die Bastille – ein ehemaliges Gefängnis, das für das Volk ein Symbol des königlichen Despotentums und politischer Unterdrückung war. Damit kam die Revolution ins Rollen. Die Aufständischen

**Die Französische Revolution und Napoleon**

**1774–1792**
Regentschaft von Ludwig XVI.

**1788**
Bankrott des französischen Staats

**1789**
5. Mai: Die Generalstände treten zusammen; der dritte Stand erklärt sich zur verfassungsgebenden Nationalversammlung; 14. Juli: Sturm auf die Bastille in Paris; adelige Grundherren verzichten auf Feudalrechte; viele von ihnen verlassen Frankreich; Verkündung der Menschenrechte

**1791**
3. September: Inkrafttreten der neuen Verfassung, Frankreich wird konstitutionelle Monarchie; Garantie von Menschenrechten, Rechtsgleichheit und Privateigentum

**1792**
10. August: Sturm auf die Tuilerien; Internierung der königlichen Familie; 21. September: Frankreich wird zur Republik erklärt

**1793**
21. Januar: Hinrichtung König Ludwigs XVI.; Terrorherrschaft von Wohlfahrtsausschuss und Revolutionstribunal

**1794**
Mai: Abschaffung des Christentums und Schaffung des »Kults der Vernunft«; Beginn einer neuen Zeitrechnung (Monat mit drei Wochen zu je zehn Tagen)

**1795**
26. Oktober: Inkrafttreten der neuen Verfassung mit einer Regierung aus fünf Direktoren, dem Rat der Alten (250 Mitglieder) und dem Rat der Fünfhundert

**1796/97**
Feldzug Napoleons in Italien gegen Österreich

**1797**
Nach Siegen Napoleons über österreichische Truppen Schließung des Friedens von Campo Formio im Oktober; Abtretung linksrheinischer Gebiete (vor allem Belgien) an Frankreich

**1798/99**
Erfolgreiche Feldzüge Napoleons in Ägypten

**1798**
1. August: Seesieg von Admiral Nelson über die französische Flotte vor der Küste Ägyptens

griffen zunächst die Besitzungen von Adel und Geistlichkeit an. Ihre Wut wuchs im weiteren Verlauf zunehmend und war immer schwerer einzudämmen. Auf politischer Ebene gründeten die Revolutionäre 1791 mit König Ludwig XVI. eine sogenannte konstitutionelle Monarchie, in der die Macht des Königs durch die Verfassung eingeschränkt war. Diese neue Monarchie, in der der König nur wenig mehr als eine repräsentative Funktion hatte, hielt jedoch nicht lange. Als sich herausstellte, dass Ludwig XVI. mit Unterstützung anderer europäischer Monarchen seine einstige absolute Macht wiederherstellen wollte, wurde er zunächst inhaftiert und 1793 hingerichtet. Auch die 1792 gegründete Republik hielt nur bis 1795. In dieser Zeit kam es aufgrund von Regierungsausschüssen und einem von der Nationalversammlung eingeführten Sondergericht zu sogenannten Säuberungsaktionen. Sie betrafen zunächst nur Revolutionsgegner, wurden aber bald zum Teil wahllos auch auf andere Personengruppen ausgedehnt und versetzten die französische Bevölkerung in Angst und Schrecken. Erst 1795 konnte ein von den Bürgern gewähltes fünfköpfiges Direktorium wieder Ruhe im Land herstellen.

Jacques-Louis David, der zuerst Hofmaler war, aber während der Französischen Revolution die Seiten wechselte, porträtierte Napoleon Bonaparte im Jahre 1812.

Die Ereignisse in Frankreich forderten zwangsläufig eine Reaktion von den europäischen Monarchen. Seit 1792 bemühten sie sich in wechselnden Bündnissen, ein Übergreifen der Französischen Revolution auf ihre Länder zu verhindern und gingen zur Verteidigung ihrer Monarchien militärisch gegen Frankreich vor. Der französische Kriegsminister Lazare Carnot führte daraufhin die allgemeine Wehrpflicht ein, was von den jungen Franzosen mit Begeisterung aufgenommen wurde. Für die Ideale von »Freiheit, Gleichheit, Brüderlichkeit« zogen sie enthusiastisch gegen die Feinde der Revolution und der Aufklärung ins Feld. Zum erfolgreichsten General der

Revolutionsstreitkräfte wurde Napoleon Bonaparte (1769–1821), der bald auch die politische Führung der Bewegung übernahm. Nach militärischen Erfolgen gegen Österreich und der Eroberung Ägyptens, um den Engländern den Handelsweg nach Indien abzuschneiden, wandte er sich mit seinen Truppen im November 1799 gegen das Direktorium und ließ sich nach einem Staatsstreich zum Ersten Konsul wählen. Er ging nun daran, die Verwaltung Frankreichs zunehmend zu zentralisieren und die Staatsfinanzen zu sanieren. Schließlich fasste er das Zivilrecht neu. 1804 trat der *Code civil* in Kraft, der nach ihm auch als *Code Napoléon* bezeichnet wird. Dieser garantierte den Franzosen persönliche Freiheit, Rechtsgleichheit, privates Eigentum, Zivilehe und Ehescheidung. Auf diese grundlegende Neuordnung Frankreichs folgte 1804 seine Proklamation zum Kaiser der Franzosen. Nach dieser Wendung zum Kaisertum gelang es Napoleon, die Ideale der Französischen Revolution in ganz Europa zu verbreiten und die politische Landschaft des Kontinents und nicht zuletzt Deutschlands grundlegend zu verändern. Aufgrund seiner militärischen Übermacht konnte er von Preußen (1795) und Österreich (1797) das linke Rheinufer für Frankreich gewinnen, was im Deutschen Reich zu einer Neuordnung der Machtverhältnisse führte. Die von den Gebietsverlusten betroffenen Fürsten wurden 1803 rechtsrheinisch entschädigt und erhielten säkularisierte (also enteignete und dadurch verweltlichte) Kirchengüter sowie Reichsstädte, kleinere Fürstentümer und Grafschaften. 1806 besiegelte Napoleon dann mit der Gründung des Rheinbundes das Ende des Deutschen Reichs und schuf sich – auch durch die Erhebung vieler Rheinbundfürsten zu Königen – ein Netzwerk von Verbündeten, mit deren Unterstützung er seine Vorherrschaft in Europa weiter ausbauen konnte.

Napoleons größter Gegner war England, insbesondere nachdem im Oktober 1805 Admiral Horatio Nelson mit seinen Verbänden in der Seeschlacht bei Trafalgar

Napoleons Verbündete in Europa bis zum Russlandfeldzug 1812

die französische Flotte vor der Südwestküste Spaniens vernichtend geschlagen hatte. Da Napoleon danach keine Flotte mehr zur Verfügung stand, versuchte er, die Handelsmacht England über ein Embargo zu vernichten. Mit der sogenannten Kontinentalsperre sollte die Insel vollständig isoliert werden. Letztlich hat der Versuch, diesen groß angelegten Plan durchzusetzen, zu Napoleons Untergang geführt. Denn als Russland sich nicht an die Kontinentalsperre hielt, zog Napoleon mit seiner Armee gegen Moskau in den Krieg. Der Russlandfeldzug bescherte ihm 1812 jedoch die schwerste Niederlage seiner Karriere und leitete das Ende seiner Herrschaft ein: 1813 begannen die Befreiungskriege gegen seine Vormachtstellung in Mitteleuropa. Ihren Höhepunkt bildete die Völkerschlacht bei Leipzig, in der im Oktober 1813 Russen, Preußen,

**Napoleon Bonaparte, Frankreich und Europa 1799–1815**

**1799**
9. November: Staatsstreich Napoleons gegen das Direktorium und Errichtung eines Konsulats; Bildung eines Gremiums aus drei Konsuln unter Führung Napoleons als Erstem Konsul

**1799–1804**
Bestehen des Konsulats

**1803**
Neuordnung des Deutschen Reichs; Gebietsentschädigung von Fürsten, die linksrheinische Gebiete an Frankreich abgeben müssen

**1804**
Inkrafttreten des *Code civil* (*Code Napoléon*), der den Franzosen persönliche Freiheit, Rechtsgleichheit, privates Eigentum, Zivilehe und Ehescheidung garantiert

**1804**
Begründung des Kaiserreichs; Napoleon wird »Kaiser der Franzosen«

**1805**
21. Oktober: Sieg von Admiral Horatio Nelson über französische Flottenverbände in der Seeschlacht bei Trafalgar

**1806**
Rheinbund von 16 süd- und westdeutschen Fürsten unter Napoleons Protektorat; 6. August: Verzicht von Kaiser Franz II. auf die Kaiserkrone; Ende des Deutschen Kaiserreichs; 21. Dezember: Verkündung der Kontinentalsperre gegen Großbritannien durch Napoleon

**1810**
Dezember: Russland gibt aufgrund seiner Wirtschaftskrise die Kontinentalsperre auf

**1812**
Juni: Napoleon dringt mit seiner Armee auf russisches Gebiet vor; 18. Oktober: Rückzug Napoleons und seiner Truppen aus Moskau; Untergang der französischen Armee im russischen Winter

**1813**
16. bis 19. Oktober: Völkerschlacht bei Leipzig; Sieg des Heers von Verbündeten (Österreich, Preußen, Russland, Schweden) über Napoleons Truppen

**1814**
6. April: Abdankung Napoleons und seine Verbannung auf die Insel Elba

**1814/15**
Wiener Kongress tagt zur Neuordnung Europas

**1815**
Juni: Flucht Napoleons von Elba; er unterliegt dem britisch-deutschen Heer (Belle Alliance) in der Schlacht bei Waterloo; endgültige Abdankung Napoleons und seine erneute Verbannung, dieses Mal auf die Insel St. Helena im Südatlantik

Österreicher und Schweden mit finanzieller Unterstützung Englands Napoleon und seine Truppen schlugen. Als die Verbündeten Napoleon bis nach Paris nachsetzten, musste er schließlich 1814 abdanken. Selbst wenn er 1815 noch einmal von seinem Verbannungsort, der Insel Elba, nach Frankreich zurückkehrte und Truppen mobilisierte, war seine Macht gebrochen: In Waterloo wurden Napoleon und seine Streitkräfte am 18. Juni 1815 von einem englisch-preußischen Heer endgültig geschlagen. Napoleon starb in der Verbannung – am 5. Mai 1821 auf der Insel St. Helena im Südatlantik.

Von September 1814 bis Juni 1815 tagten führende europäische Staatsmänner in Wien, um über die Neuordnung Europas nach dem Zusammenbruch der Herrschaft des »Kaisers der Franzosen« zu beraten. Auf dem Wiener Kongress verständigten sie sich auf eine Regelung im Sinne eines Gleichgewichts der Mächte und im Prinzip auf den Erhalt des alten Machtsystems. In Deutschland konnte der alte Status quo nach der napoleonischen Neuordnung allerdings nicht wiederhergestellt werden. Dort fanden sich die nunmehr 38 deutschen Teilstaaten 1815 im Deutschen Bund zusammen. Er war eine lockere völkerrechtliche Verbindung, deren Mitgliedstaaten weitgehend selbstständig blieben mit Ausnahme des Gesandten- und Vertragsrechts, das die Außenbeziehungen regelte. Daher wurde der Plan, in allen Bundesstaaten eine landständische Verfassung durchzusetzen, mit der Vertreter des Volkes (der Landstände) an der Gesetzgebung des Staates beteiligt wurden, nur in wenigen Staaten realisiert. Da sich dann selbst in diesen Staaten konstitutionelle Monarchien entwickelten, in denen die monarchische Gewalt faktisch nicht eingeschränkt war, kam es zu Auseinandersetzungen zwischen den Regierungen und vor allem jungen Patrioten, die in Deutschland die Ideale der Aufklärung verwirklicht sehen wollten. Sie gipfelten in den Protesten des März 1848, in denen die Aufständischen unter anderem die Presse- und Versammlungsfreiheit forderten, eine Verfassung in allen Einzelstaaten und ein gesamtdeutsches Parlament einberufen wollten. Am 18. Mai 1848 trat die geforderte Nationalversammlung in der Frankfurter Paulskirche zusammen. Es sollte aber noch bis zum 28. März 1849 dauern, bis sich die 500 Abgeordneten auf eine konstitutionelle Monarchie unter der Führung Preußens einigten. Doch der Beschluss blieb Episode: Nachdem der preußische König die deutsche Krone

In der Paulskirche in Frankfurt am Main trat am 18. Mai 1848 erstmals die Deutsche Nationalversammlung zusammen. Zeitgenössischer Holzstich

ablehnte, löste sich die Nationalversammlung auf und die Fürsten herrschten wie zuvor.

**Die industrielle Revolution und die soziale Frage**

Am Anfang der Industrialisierung stand die Dampfmaschine von James Watt, patentiert im Jahre 1769. Zwar hatte es schon zuvor Maschinen gegeben, mit denen der Druck des Wasserdampfs mechanisch genutzt werden konnte, aber der schottische Ingenieur perfektionierte ihren Mechanismus und machte die Dampfmaschine zum effektiven und vielseitig einsetzbaren Instrument. Viele Vorgänge, die zuvor nur durch die Muskelkraft von Mensch und Tier bewältigt werden konnten, übernahmen jetzt die Maschinen.

Eine wichtige Rolle spielten die Dampfmaschinen zum Beispiel beim Einsatz von Spinnmaschinen, mit denen ab der zweiten Hälfte des 18. Jahrhunderts Garne hergestellt wurden. Später fanden die Dampfmaschinen auch beim Antrieb mechanischer Webstühle Verwendung, deren Mechanismus 1784 ein Londoner Pfarrer entwickelte. Und besonders wichtig waren die Dampfmaschinen in Bergwerksbetrieben, wo sie Wasser aus den Schächten hoben und die Menschen bei der Förderung von Kohle unterstützten. Schächte konnten nun viel tiefer in die Erde getrieben werden. Das war auch notwendig, denn der Bedarf an Kohle stieg fortwährend. In der Eisen- und Stahlherstellung ersetzten damals Steinkohlehochöfen die mit Holzkohle befeuerten älteren metallurgischen Schmelzvorrichtungen. Aufgrund einer besseren Ausnutzung der Wärmeenergie trugen sie zu einer erheblichen Produktionssteigerung in der Schwerindustrie bei. Vor allem Stahlkonstruktionen wie Brücken – und noch 1889 der Eiffelturm in Paris – wurden zu Symbolen der Industrialisierung. Auch die dampfbetriebenen und mit Kohle befeu-

Der Eiffelturm wurde 1888/89 für die Pariser Weltausstellung und anlässlich der Hundertjahrfeier der Französischen Revolution errichtet. Er war zugleich Symbol des technischen Fortschritts.

erten Eisenbahnen galten als Vorboten eines neuen Zeitalters. Die erste verkehrte 1825 bei Darlington in Nordostengland.

England entwickelte sich Ende des 18. Jahrhunderts vor allem mit seinen Stahl- und Textilerzeugnissen zur weltweit führenden Industrienation. Auf dem europäischen Festland setzte die Industrialisierung mit etwa 50 Jahren Verzögerung ein, weil die Engländer ihre Erfindungen geheim hielten, die Ausfuhr von Maschinen verboten und auf dem Kontinent die nötigen Fachkräfte fehlten. Aber in den 1820er-Jahren hielt die Industrialisierung auch in Frankreich, Belgien, den Niederlanden, Deutschland und im Westen Österreich-Ungarns Einzug – und dies, wie in England, zunächst vor allem in Gebieten mit Kohlebergbau wie dem Ruhrgebiet und Nordfrankreich.

Mit den Maschinen kamen die Fabriken und mit ihnen neue Methoden des Wirtschaftens. Von den Manufakturen des Merkantilismus waren gewerbliche Großbetriebe bekannt, in denen zur Herstellung eines Produkts die einzelnen Arbeitsschritte auf mehrere spezialisierte Arbeiter verteilt waren. Diese Prozesse

Die Darstellung eines Eisenwalzwerks des Malers Adolf Menzel, entstanden von 1872 bis 1875, war für das Publikum der Berliner Salons sehr ungewöhnlich. Daher sollte ihm das Sujet über den mythologischen Titel *Moderne Cyklopen* nahegebracht werden.

wurden nun weiter perfektioniert. Die Fabrikbesitzer achteten streng auf die Effizienz der Produktionsabläufe. Oft handelte es sich bei den Industriellen um ehemalige Handwerksmeister, die ihre Unternehmen mit solventen Geschäftspartnern aufbauten. Da größere Unternehmen so bald nicht mehr ausreichend finanziert werden konnten, kam es zur Gründung von Aktiengesellschaften. Bei ihnen wurde das Grundkapital durch den Verkauf von Anteilscheinen (Aktien) aufgebracht. Jeder, der eine Aktie erwarb, war damit an Gewinn und Verlust des Unternehmens im Verhältnis zum Wert seiner Aktie beteiligt. Mit diesen neuartigen Geldgeschäften wuchs die Bedeutung von Banken und Börsen, die sie in zunehmendem Maße vermittelten.

Diese Entwicklungen veränderten die Gesellschaften in den jungen Industrieländern tief greifend. In den neuen Fabriken konnten nun billige Arbeitskräfte innerhalb kurzer Zeit große Gütermengen produzieren. Sie waren den alten Handwerks- und Gewerbebetrieben deutlich überlegen und trieben diese in den Ruin. Aufgrund der in den Großbetrieben erwirtschafteten Gewinne kam es zu einer Konzentration von Geld in den Händen großbürgerlicher Unternehmer und Kapitalgeber, die darauf bedacht waren, ihren Reichtum ständig zu vermehren. Entsprechend drückten sie die Höhe der Arbeitslöhne. Da es mehr Arbeitssuchende als freie Stellen gab, blieb den Arbeitern nichts anderes übrig, als die Hungerlöhne zu akzeptieren. Die Folge davon war ihre soziale Verelendung.

Viele Unternehmer sahen zunächst nicht ein, warum sie sich ihren Arbeitern gegenüber sozial verpflichtet fühlen sollten. Und auch die Regierungen erkannten anfangs keine Notwendigkeit, in das »freie Spiel der Kräfte« auf dem Markt korrigierend einzugreifen. Erst nach zahlreichen Arbeiteraufständen kam es zuerst in England in den 1820er-Jahren zu Reformen: 1824 wurde der Streik als Mittel des Kampfs für bessere Arbeitsbedingungen zugelassen, ab 1833 regelte ein Fabrikgesetz erstmals die tägliche Arbeitszeit, die allerdings noch bis 1847 mehr als zehn Stunden betrug.

Die Lage der Arbeiterschaft rief in ganz Europa Sozialreformer auf den Plan. In England entwickelte beispielsweise der Unternehmer Robert Owen die Idee eines sozialen Unternehmertums. Er versuchte, seine Vorstellungen von einer sozialistischen Gesellschaft in von ihm gegründeten Arbeitersiedlungen zu erproben. In Frankreich plädierte Graf Henri de Saint-Simon für eine Gesellschaft ohne Standesunterschiede, in der jeder gemäß seiner Leistung für das Gemeinwohl entlohnt werden sollte. Am wirkungsmächtigsten waren jedoch die Beiträge des deutschen Publizisten und Philosophen Karl Marx (1818–1883), mit denen er die Lage der Arbeiterschaft verbessern wollte. Im Zusammenhang mit der detaillierten Analyse der Wirtschaftsstrukturen in seinem monumentalen Hauptwerk *Das Kapital* trat er dafür ein, die Produktionsmittel zu verstaatlichen und rief die Arbeiter zum Klassenkampf auf. Auch sein Ziel war eine klassenlose Gesellschaft. Es sollte aber noch einige Jahrzehnte dauern, bis seine Vorstellungen in zahlreichen Ländern der Erde tatsächlich erprobt wurden.

Der Philosoph und Publizist Karl Marx verfasste *Das Kapital.* Zeitgenössischer Stich

### Kolonialismus und Imperialismus

Nach der Entdeckung Amerikas Ende des 15. Jahrhunderts erkundeten europäische Seefahrer unermüdlich weitere Regionen der Erde: 1521 kreuzte der in spanischen Diensten stehende Portugiese Ferdinand Magellan im Südpazifik und entdeckte die Marianen, die Philippinen und die Molukken. Damals gab es nur Vermutungen, dass es einen südlichen Kontinent, eine *terra australis* (lateinisch für: »südliches Land«), geben könnte. Vermutlich Anfang des 17. Jahrhunderts erreichten dann die ersten Seefahrer auf der Suche nach dieser ominösen Landmasse die Küste des später »Australien« genannten Erdteils. Der Holländer Abel Tasman, der wie viele andere in See stach, um die Position der *terra australis* genauer zu bestimmen, entdeckte Mitte des 17. Jahrhunderts auf einer Erkundungsfahrt Neuseeland und die nach ihm benannte, südlich von Australien gelegene Insel Tasmanien. Von 1768 bis 1780 unternahm auch der englische Seefahrer James Cook (1728–1779) mehrere bedeutende Forschungsfahrten in den Südpazifik. Dort entdeckte er weitere Inselgruppen wie Neukaledonien und die nach ihm benannten Cook-Inseln. Und er erforschte die Küsten Neuseelands und Australiens, an denen die Engländer 1788 zu siedeln begannen. Mit jeder Erkundungsfahrt veränderte und vervollständigte sich das Bild der Erde, von der bis 1800 etwa 83 Prozent bekannt waren.

Der englische Weltumsegler James Cook erreichte Tahiti zum ersten Mal am 13. April 1769. Während seines dreimonatigen Aufenthalts kartografierte er die Insel. Stahlstich, um 1845

Die Forschungsfahrten wurden von den Regierungen der europäischen Seemächte, aber auch von Fernhandelskompanien gefördert. Diese Zusammenschlüsse von Kaufleuten gab es in allen führenden europäischen Seemächten. Von den Regierungen wurden sie mit Handelsvorrechten ausgestattet. Großbritannien hatte mit der Ostindien-Kompanie Ende des Jahres 1600 einen Anfang gemacht. Die Forschungsfahrten, die die Seeleute für ihre Auftraggeber unternahmen, dienten vor allem zwei Zielen: der Erkundung der Seewege zu den großen Fernhandelszentren Chinas und Indiens sowie der Suche nach geeigneten Flottenstützpunkten auf dem Weg dorthin. An die Eroberung größerer Territorien war zunächst nicht gedacht. Den Briten zum Beispiel ging es vornehmlich darum, strategisch günstige Positionen auf dem Seeweg nach Indien zu besetzen. Ab 1806 kontrollierten sie das afrikanische Kapland, dessen Häfen sie als Flottenstützpunkte auf dem Weg in den Indischen Ozean nutzten. Und im Mittelmeer eroberten sie Gibraltar (1704) und Malta (1800). Ab den 1860er-Jahren bemühten sie sich zudem, in der französisch-ägyptischen Aktiengesellschaft die Anteilsmehrheit zu erwerben, die den Bau des Suezkanals vorantrieb. Dies gelang ihnen 1875. Als es 1882 in Ägypten zu Aufständen gegen die Europäer im Lande kam, nutzten die Briten dies, militärisch einzugreifen und Ägypten unter ihre Kontrolle zu bringen.

Der Weg nach Indien war für die Briten von großer Bedeutung, weil es ihnen dort während des langsamen Zerfalls des Mogulreichs im 17. Jahrhundert neben den Niederländern und Franzosen gelungen war, sich als Handelsmacht zu etablieren. Bald gewannen sie über ihre europäischen Konkurrenten die Oberhand. Sie brachten die Handelszentren Madras (1639), Bombay (1661) und Kalkutta (1696) unter ihre Kontrolle und bauten von diesen Stützpunkten aus Indien kontinuierlich zur Kolonie auf, die sie direkt der Krone unterstellten.

Im Zuge der Industrialisierung erkannten die europäischen Wirtschafts- und Handelsmächte die große Bedeutung von Kolonien. Im Vordergrund stand zunächst der Gedanke an die Ausbeutung von Rohstoffvorkommen in Afrika und Asien. Außerdem eröffneten sich mit jedem afrikanischen oder asiatischen Land neue Absatzmärkte für europäische Konsumgüter. Und auch als Kapitalanlage waren Kolonien, in denen die Wirtschafts- und Infrastruktur erst noch aufzubauen war, von größtem nationalem wie ökonomischem Interesse.

Infolgedessen kam es unter den europäischen Industriemächten in der zweiten Hälfte des 19. Jahrhunderts zu einem regelrechten Wettlauf um Besitzungen in Afrika und Asien. Die Ziele waren klar gesteckt: Die eroberten Länder sollten strikt den politischen und ökonomischen Interessen der Eroberer dienen und diesen direkt unterstellt sein. Mit anderen Worten: Es sollte ein Reich oder »Imperium« aufgebaut werden. Daher hat sich bereits in den 1870er-Jahren für dieses Machtstreben die Bezeichnung »Imperialismus« eingebürgert. Insbesondere bei Anhängern der Aufklärung hatte dieser Begriff von Anfang an einen negativen Klang. Für sie war »Imperialismus« mit dem rücksichtslosen und menschenverachtenden Umgang der Eroberer mit der Bevölkerung in den Kolonien verbunden. Dieses Verhalten entsprach dem damals weitverbreiteten Selbstbild der Europäer, die sich als »weiße Herrenmenschen« verstanden.

Die Regierungen aller europäischen Länder, die (aus ihrer Sicht) »herrenloses Land« erobern wollten, waren darauf aus, sich möglichst zusammenhängende Territorien zu sichern. So war es oberstes Ziel der britischen Afrikapolitik, ein geschlossenes Gebiet »vom Kap bis Kairo« zu annektieren. Die Umsetzung dieser Pläne machten sich Lord Herbert Kitchener (1850–1916) und Cecil Rhodes (1853–1902) zum Ziel, die für die englische Krone den Osten Afrikas mit grausamen Kriegen überzogen. Aufgrund der deutschen Kolonie Deutsch-Ostafrika, die ihre Territorien im Norden von denen im Süden trennte, konnten sie ihr großes Ziel jedoch nicht umsetzen. Dennoch machten die beiden Großbritannien zur führenden imperialistischen Macht auf dem afrikanischen Kontinent.

Die Franzosen hatten nicht nur dabei das Nachsehen, sondern auch bei ihrem Plan, ein durchgehendes Gebiet von Dakkar im Westen bis zum Golf von Aden im Osten unter ihre Kontrolle zu bringen. Die von Frankreich eroberten Länder konzentrierten sich schließlich im Nordwesten Afrikas. Für die übrigen europäischen Kolonialmächte verblieben nur noch vereinzelte Territorien. Das 1871 neu gegründete Deutsche Reich konnte sich 1884/85 zum Beispiel nur noch Kamerun, Deutsch-Südwest-Afrika (das heutige Namibia) und Deutsch-Ostafrika (das heutige Tansania) sichern.

In Asien strebten vor allem Russland und England nach einer Vorherrschaft. Russland hatte sich ab dem 15. Jahrhundert zur europäischen Großmacht entwickelt und seine Einflusssphäre kontinuierlich erweitert. Seitdem Moskau als »Drittes Rom« den Anspruch erhob, nicht nur in religiöser, sondern auch in machtpolitischer Hinsicht Erbe des 1453 untergegangenen Byzanz zu sein, lässt sich die Geschichte Russlands als eine Geschichte fortwährender Expansion lesen. Die machtpolitischen Interessen galten zunächst dem Baltikum, auf das die Zaren mit Beginn des 16. Jahrhunderts Anspruch erhoben. Die Russen eroberten es aber erst im Zuge des Nordischen Kriegs von 1700 bis 1721. Damals entwickelte sich das Zarenreich zur europäischen Großmacht. Zarin Katharina die Große (Regentschaft 1762–1796) unterstrich die Hegemonie Russlands im Osten Europas, als ihre Truppen den Zugang zum Schwarzen Meer sicherten und die Krim eroberten. Schließlich gliederte sie ihrem Reich zusätzlich die polnischen Ostgebiete ein. Ihre Nachfolger sollten für Russland Anfang des 19. Jahrhunderts noch Georgien (1801) und ganz Finnland (1809) hinzugewinnen.

Unter Zar Alexander II. (Regentschaft 1855–1881) stießen die russischen Truppen Mitte des 19. Jahrhunderts erstmals nach Turkestan und Zentralasien vor. Nur Afghanistan trennte das Zarenreich ab den späten 1860er-Jahren noch von der britischen Kronkolonie Indien. Das Land am Hindukusch hatte fortan die Funktion eines »Pufferstaats« zwischen den Machtbereichen der beiden Großmächte.

Die Russen konzentrierten sich anschließend auf ihre Territorien im Osten, die sie 1860 bis an die Pazifikküste ausdehnten. Dort kam es wiederum zur Interessenkollision: hier mit Japan. Das Kaiserreich war bis 1854 streng nach außen hin abgeschirmt gewesen. Aber bereits kurz nach der Öffnung verfolgte es eigene imperialistische Ziele auf dem ostasiatischen Festland. 1895 bekamen die Japaner vertraglich das von ihnen eroberte Korea und verschiedene, dem chinesischen Festland vorgelagerte Inseln zugesprochen, allen voran Formosa, das heutige Taiwan.

Den europäischen Mächten dagegen gelang es trotz zahlreicher Versuche nicht, auf chinesischem Gebiet Fuß zu fassen und mehr als einzelne Hafenstädte und Protektorate einzunehmen, die sie – wie etwa Hongkong – oft nur auf bestimmte Zeit pachteten. Die Übermacht Chinas war zu groß.

### Auf dem Weg zur Großmacht: Die USA

Mit den Vereinigten Staaten von Amerika stieg ab den 1860er-Jahren eine ehemalige Kolonie selbst zur Kolonialmacht auf. Die USA hatten sich seit ihrer Unabhängigkeitserklärung 1776 rasant entwickelt. Dank einer starken Zuwanderung aus Europa – zwischen 1820 und 1860 rund fünf Millionen Menschen – waren mit Vorstößen nach Westen ständig neue Staaten gegründet und nach und nach in die Staatenvereinigung der einstigen 13 Kolonien aufgenommen worden. Nicht zuletzt die Entdeckung von Gold in Kalifornien, die 1848 einen »Goldrausch« auslöste, förderte das Vordringen der Siedler nach Westen entscheidend.

Die Meinungen über die territoriale Erweiterung und wie sie erfolgte, gingen unter den Bürgern der Vereinigten Staaten allerdings stark auseinander. So vertrug sich beispielsweise der Umgang mit der indianischen Urbevölkerung nicht mit den allgemeinen Menschenrechten, die in der Unabhängigkeitserklärung und der Verfassung der Staaten niedergelegt waren. Ganze Indianerstämme wurden ausgelöscht,

Die von dem französischen Bildhauer Frédéric Auguste Bartholdi entworfene Freiheitsstatue schenkte Frankreich den USA 1876 zur Hundertjahrfeier der amerikanischen Unabhängigkeitserklärung. Das Wahrzeichen für Freiheit und Unabhängigkeit befindet sich auf Liberty Island im Hafen von New York.

Der Querschnitt durch ein Transportschiff zeigt, unter welch menschenunwürdigen Verhältnissen die Sklaven von Afrika nach Amerika gebracht wurden.

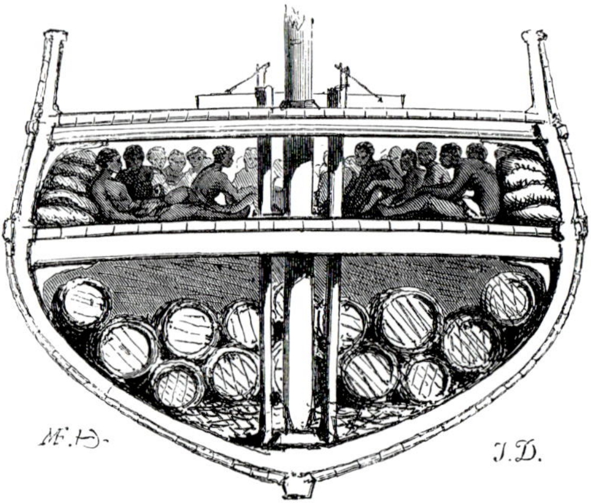

Fig. 51. Coupe d'un négrier.

andere zwangsumgesiedelt. Die in den Südstaaten verbreitete Sklaverei war ein weiterer Verstoß gegen die Menschenrechte. Im Süden hatten Plantagenbesitzer das Sagen. Sie deckten sich ab dem 18. Jahrhundert über den damals atlantischen Sklavenhandel mit aus Afrika stammenden billigen Arbeitskräften ein. Auf diese Arbeiterinnen und Arbeiter, in denen sie keine gleichwertigen Menschen sahen, wollten sie für den Betrieb ihrer Plantagen nicht verzichten. Die Nordstaatler, meist Industrielle und kleine Farmer, verwiesen dagegen auf die in der Verfassung verankerten Menschenrechte und forderten die Abschaffung der Sklaverei. Als 1861 mit Abraham Lincoln ein Gegner der Sklaverei zum Präsidenten gewählt wurde, brach ein erbittert geführter Krieg zwischen den Nord- und den Südstaaten aus. Er endete 1865 mit dem Sieg des Nordens und mit der offiziellen Abschaffung der Sklaverei in den Vereinigten Staaten.

Viele Verfechter aufklärerischer Ideale, die sich in der Sklavenfrage zu Wort gemeldet hatten, waren auch mit dem offen imperialistischen Handeln der Vereinigten Staaten in der Mitte und dem Süden des Konti-

**Handelskompanien**

**1600**
31. Dezember: Gründung der britischen Ostindien-Kompanie
**1602**
Gründung der niederländischen Ostindien-Kompanie
**1621**
Gründung der niederländischen Westindien-Kompanie
**1628**
Gründung der portugiesischen Ostindien-Kompanie
**1664**
Gründung der französischen Ostindien-Kompanie
**1664**
Gründung der französischen Westindien-Kompanie

nents sowie im Pazifik nicht einverstanden. Schon der Ankauf Alaskas von Russland (1867) hatte bei ihnen heftige Kritik hervorgerufen. Doch schließlich setzten sich hier wie später auch in anderen machtpolitischen Zusammenhängen die Anhänger der sogenannten Monroe-Doktrin durch. Sie ging auf den amerikanischen Präsident James Monroe (Präsidentschaft 1817–1825) zurück, der 1823 den gesamten amerikanischen Kontinent zum natürlichen Einflussgebiet der Vereinigten Staaten erklärt hatte. Ganz in diesem Sinne unterstützten die Vereinigten Staaten dann auch zum Beispiel Kuba in seinem Kampf um Unabhängigkeit gegen Spanien. Mit Erfolg: 1898 wurde Kuba zur eigenständigen Republik unter US-amerikanischer Aufsicht. Wenig später verfolgten die USA beim Aufbau der Republik Panama eindeutig machtpolitische Interessen. 1903 übernahmen sie die Führung im Bau des 1914 vollendeten Panamakanals. Das den Kanal umgebende Land, das Kolumbien abtreten musste, wurde zur eigenständigen Republik erklärt. Aus strategischen Gründen war sie jedoch eng an die USA gebunden: Der Kanal ermöglichte es den Vereinigten Staaten fortan, schneller mit ihrer Flotte zwischen Atlantik und Pazifik zu operieren. Damit diente er zugleich ihren imperialen Interessen im Pazifik, die bereits 1898 in den Annexionen Hawaiis und der Philippinen in aller Deutlichkeit zum Ausdruck gekommen waren.

## Erfindungen und ihre Folgen

Die Welt rückte zusammen, zumindest dem Gefühl nach. Zwar war im 19. Jahrhundert der Weg zum »globalen Dorf« noch weit entfernt, aber die Zeit, die erforderlich war, um Waren und Informationen von einem Ort zu andern zu bringen, nahm rapide ab.

Benötigte 1850 ein Segelschiff für die Strecke von den Niederlanden nach Java bei günstigem Wind drei Monate, legte ein Dampfschiff denselben Weg in gerade einmal drei Wochen zurück. Und das war nicht die einzige Transportrevolution. Denn was die Dampfschiffe zu Wasser leisteten, schafften die mit Dampfmaschinen betriebenen Eisenbahnen auf dem Land: Im Vergleich zu einer Reise mit Kutsche und Pferd verkürzte sich die Fahrzeit ebenfalls um ein Vielfaches. In der Folge wurde der Ausbau von Eisenbahntrassen mit Energie vorangetrieben. 1910 waren im Deutschen Reich 61 000 Kilometer Schienen verlegt. England besaß mit 32 000 Schienenkilometern das dichteste Eisenbahnnetz der Welt.

Die Nachrichtenübermittlung veränderte sich sogar noch drastischer. Als der US-Amerikaner Samuel Morse im Jahre 1837 den elektromagnetisch gesteuerten Schreibtelegrafen erfand, revolutionierte er damit die Weitergabe von Informationen auf nationaler wie

Die erste deutsche Eisenbahnlinie von Nürnberg nach Fürth wurde am 7. Dezember 1835 feierlich eröffnet. Zeitgenössisches Gemälde

Viele Künstler haben Anfang des 20. Jh. das Thema Geschwindigkeit behandelt wie hier der Italiener Umberto Boccioni in seinem Gemälde *Fahrendes Auto* von 1904.

schon bald auf internationaler Ebene. 1860 benötigte eine Nachricht von Indien nach Großbritannien auf dem Postweg mehrere Wochen, mittels Telegraf erreichte sie ihren Empfänger innerhalb weniger Stunden. Die dafür notwendigen Kabel überzogen ab Mitte des 19. Jahrhunderts die Kontinente und wurden in Pionierarbeit durch die Ozeane verlegt. Ab 1851 verband ein transatlantisches Kabel Großbritannien mit den Vereinigten Staaten. 1902 umspannte das vorwiegend von den Briten für die Kommunikation zwischen Mutterland und Kolonien aufgebaute Kabelnetz die gesamte Welt. Mit der Zeit gewann auch die Übertragungsgeschwindigkeit an Tempo. Bewältigte der Telegraf 1860 gerade einmal zehn Wörter pro Minute, waren es um 1900 bereits 150 und 1920 rund 400 Wörter in derselben Zeiteinheit.

Aus Kostengründen waren viele dieser technischen Errungenschaften nur im Gebrauch von Regierungen, allenfalls von begüterten Geschäftsleuten. Aber das änderte sich rasch. Sobald die technischen Entwicklungen ausgereift waren und billiger produziert werden konnten, erreichten die meisten auch die »Menschen auf der Straße« und veränderten ihr Leben nachhaltig. Im 20. Jahrhundert kam es so zu drei großen Entwicklungsschüben. Selbst wenn das Telefon

Am 20. September 1904 gelang den Brüdern Orville und Wilbur Wright erstmals mit einem von ihnen entwickelten Fluggerät ein Kreisflug über das Startfeld.

in den 1870er-Jahren erfunden wurde, das Automobil in den 1890er-Jahren und das Radio um 1900, gelangten sie erst in den 1920er-Jahren in private Haushalte. Der zweite Entwicklungsschub fand in den 1940er- und 1950er-Jahren statt: Erst jetzt verbreitete sich das um 1930 erfundene Fernsehen, und die Luftfahrt, in der bereits 1904 die Gebrüder Wright mit ihrem ersten Rundflug einen Meilenstein gesetzt hatten, wurde zivil nutzbar. Außerdem kamen zunehmend elektrische Geräte auf den Markt, die in den Haushalten ebenfalls enorm viel Zeit und Kraft sparen halfen. Die vollautomatische Waschmaschine etwa setzte sich in den USA in den späten 1940er- und in Europa in den 1950er-Jahren durch. Die letzte Entwicklungswelle betraf dann wiederum den Informationssektor: Die seit den 1940er-Jahren ausgearbeitete Computertechnik wurde 40 Jahre später mit dem Personalcomputer auch für private Nutzer erschwinglich. Und das elektronische Netzwerk, das 1969 von dem US-Verteidigungsministerium für die gemeinsame Nutzung von Computer-Rechenkapazitäten verschiedener Universitäten und Forschungseinrichtungen entwickelt worden war, ist seit den 1990er-Jahren als »World Wide Web« allgemein zugänglich. Dieses weltumspannende Netzwerk hat die Kommunikation vieler Menschen tief greifend verändert und damit ihre Sicht der Welt. In Sekundenschnelle ist nun in nahezu jeder Region der Welt fast jeder Mensch über einen Internetanschluss erreichbar. Die Welt ist inzwischen, was die Kommunikationsmöglichkeiten anbelangt, wirklich zum »Dorf« geworden.

### Der Erste Weltkrieg

Die technische Entwicklung hat auch die Art der Kriegsführung grundlegend verändert. Das zeigte sich schon im Ersten Weltkrieg, der von 1914 bis 1918 in Europa stattfand und über die Kolonien der europäischen Mächte Afrika und Asien erfasste. Es war ein Krieg, der mit allen erdenklichen technischen Mitteln geführt wurde und damit erstmals weit über eine bis dahin bekannte Konfrontation zwischen Heeres- und Marineverbänden hinausging. Zum ersten Mal waren Flugzeuge im Einsatz, die auch die Zivilbevölkerung im Hinterland bedrohten, und mit den Angriffen deutscher Untersee-Boote auf Schiffe der Handelsmarine fanden viele Zivilisten den Tod auf See.

Das 1900 entstandene Gemälde von C. Bublitz zeigt Kaiser Wilhelm II. in Admiralsuniform.

Ein wesentlicher Grund für den Ausbruch des Ersten Weltkriegs war das Streben des Deutschen Reichs nach weltpolitischer Geltung. Was die Kolonisierung anbelangte, sahen sich der deutsche Kaiser Wilhelm II. (Regentschaft 1888–1918) und seine Reichsregierung gegenüber Großbritannien und Frankreich im Hintertreffen. Sie wollten einen Ausbau der deutschen Kolonialmacht erreichen, was bei den europäischen Großmächten England, Frankreich und Russland starkes Misstrauen weckte, vor allem weil die imperialistischen Ansprüche der Deutschen von einer starken Industrialisierung im Reich und einer massiven Aufrüstung von Heer und Marine begleitet waren. Vor diesem Hintergrund legten 1904 die einstigen imperialistischen Erzrivalen Großbritannien und Frankreich in der *Entente Cordiale* (französisch für »herzliches Einverständnis«) ihre Auseinandersetzungen um die afrikanischen Kolonien bei und bezogen damit zugleich gemeinsam Stellung gegen das Deutsche Reich und seine Ansprüche. 1907 trat Russland dem Bündnis bei. Das Deutsche Reich fand lediglich bei Österreich-Ungarn und dem Osmanischen Reich Rückhalt. Angesichts der stark nationalistisch unterlegten Polemiken zwischen den europäischen Machthabern war eine militärische Auseinandersetzung nur noch eine Frage der Zeit. Als am 28. Juni 1914 der österreichische Thronfolger Franz Ferdinand und seine Frau in Sarajewo bei einem Attentat ums Leben kamen, erklärte Österreich-Ungarn Serbien kurz darauf den Krieg, mit absehbaren Folgen: Russland trat aufseiten des slawischen Brudervolks, der Serben, in den Krieg ein. Das Deutsche Reich stärkte daraufhin Österreich-Ungarn den Rücken, und binnen kürzester Zeit waren aufgrund ihrer Bündnisverpflichtungen alle europäischen Mächte in den Krieg verwickelt.

Zwar hofften alle Seiten, den Krieg durch ein Überrennen der Gegner rasch für sich entscheiden zu können, doch alle Parteien stießen auf erbitterten Widerstand. Die generell technisch hochgerüsteten

Weil die Männer an die Front geschickt wurden, arbeiteten zahlreiche Frauen in Rüstungsfabriken des Deutschen Reichs.

Im Ersten Weltkrieg kamen von britischer Seite erstmals Panzer zum Einsatz, deren Technik sich jedoch als noch nicht ausgereift herausstellte. Ihre Kampftauglichkeit hielt sich in Grenzen.

Heeresverbände lieferten sich in ihren Stellungen oft monatelang heftigste Gefechte, ohne die Gegner nennenswert zurückdrängen zu können. Allein in der Schlacht bei der französischen Befestigung Verdun fielen innerhalb von sechs Monaten weit mehr als 600 000 Soldaten. Noch während der Kämpfe in Verdun begannen Engländer und Franzosen gemeinsam an dem weiter nordwestlich gelegenen Frontabschnitt an der Somme eine Offensive gegen die Truppen des Deutschen Reichs. Doch auch dort gelang es ihnen nicht, die deutschen Linien zu durchbrechen. Bis in den November 1916 hinein fanden hier über eine Million Soldaten den Tod. Es war die verlustreichste Schlacht des Ersten Weltkriegs.

Die Entscheidung in den Stellungskämpfen brachte erst der Kriegseintritt der Vereinigten Staaten im April 1917. Anlass dazu war der von der deutschen Marine begonnene unbeschränkte U-Boot-Krieg auch gegen Handelsschiffe. Die USA unterstützten Frankreich und England daraufhin mit Truppenverbänden und ermöglichten so den Sieg über das Deutsche Reich.

Der Erste Weltkrieg hat Europa und die Welt politisch wie ökonomisch tief greifend verändert. In den Friedensverträgen wurde der Vielvölkerstaat Österreich-Ungarn aufgelöst. Aus ihm gingen verschiedene

**Erster Weltkrieg**

**1914**
28. Juni: Attentat auf den österreichischen Thronfolger Franz Ferdinand und seine Frau in Sarajewo; 28. Juli: Österreich erklärt Serbien den Krieg; Generalmobilmachung und Kriegserklärung des Deutschen Reichs an Russland (1. August) und Frankreich (3. August); Kriegseintritt Großbritanniens nach dem Einmarsch deutscher Truppen in Belgien (3./4. August); 23. August: Kriegserklärung Japans (verbündet mit Großbritannien) an das Deutsche Reich und Einnahme deutscher Besitzungen im Pazifik

**1917**
2. Januar: Das Deutsche Reich erklärt den uneingeschränkten U-Boot-Krieg, daraufhin Kriegseintritt der USA (6. April); Oktoberrevolution in Russland; Ende des Kriegs an der deutschen Ostfront

**1918**
3. März: Friede von Brest-Litowsk: Gebietsabtretungen Russlands, wodurch u. a. Finnland und die Ukraine selbstständig werden, ferner Reparationszahlungen in Höhe von 6 Milliarden Goldmark an das Deutsche Reich; 11. November: Waffenstillstand im Westen; Kaiser Wilhelm II. geht in die Niederlande ins Exil; 9. November: Ausrufung der Republik in Deutschland

**1919**
26. Juni: Unterzeichnung des Friedensvertrags von Versailles

neue Nationalstaaten hervor. Das Deutsche Reich musste vergleichsweise geringe Gebietsverluste hinnehmen. Im 1919 unterzeichneten Vertrag von Versailles wurde bestimmt, dass das Deutsche Reich Gebiete wie zum Beispiel Posen, Westpreußen und Elsass-Lothringen abtrat und seine Kolonien verlor. Das Ziel der Siegermächte bestand darin, die politische und wirtschaftliche Macht Deutschlands zu brechen. Dem Deutschen Reich wurde die Hauptschuld am Ausbruch des Kriegs auferlegt, mit der Folge, dass es auf Jahrzehnte hin Reparationen in Form von Geldzahlungen und Sachlieferungen an die Siegermächte leisten sollte und sein Heer auf 100 000 Soldaten begrenzt wurde, die keine schweren Waffen erhielten. Nachdem der Kaiser im November 1918 abgedankt hatte, wurde Deutschland zudem zur Republik.

## Politische Extreme

Um Konflikte wie den Ersten Weltkrieg künftig zu vermeiden, wurde 1919/20 in Genf der Völkerbund, die Vorgängerorganisation der heutigen UNO (United Nations Organization), ins Leben gerufen. Die Siegermächte des Weltkriegs hatten sich damals jedoch schon in politischer Hinsicht voneinander entfernt, sodass dem Völkerbund von Anfang an nur wenig Erfolg vorausgesagt wurde. In Russland nämlich hatten die desaströsen Verhältnisse in der Armee und die allgemein schlechte Wirtschaftslage des Landes zu Aufständen geführt. Nachdem der Zar im März 1917 abgedankt hatte, konnte Vladimir Lenin (1870–1924) mit befreundeten Revolutionären im Spätherbst 1917 die Lage dazu nutzen, seine an den Schriften von Karl Marx geschulten Vorstellungen von einer kommunistischen Gesellschaft umzusetzen. Dafür bediente er sich zum einen einer industriellen Planwirtschaft, wie er sie im Deutschen Reich während des Kriegs kennengelernt hatte. Zum anderen ließ er den Fortgang der Revolution von einer unbarmherzigen Geheimpolizei überwachen und sicherstellen. Auf sie griff auch Lenins Nachfolger Josef Stalin (1878–1953) zurück, um seine Gewaltherrschaft gegen mögliche Gegner abzusichern. Gegen jeden, der sich seinem Willen nicht fügte, ging er erbarmungslos vor. So ließ er 1932 und 1933 beispielsweise über zehn Millionen Bauern ermorden oder verhungern, die sich seinem Vorhaben widersetzten, ihre Kleinbetriebe auflösen und zu staatlichen Großbetrieben zusammenlegen.

In Italien entwickelten unterdessen Benito Mussolini (1883–1945) und seine Anhänger ein anderes politische Modell. Mussolini setzte auf eine nationalistisch-martialische Propaganda, die die einstige weltbeherrschende Stellung Roms und Italiens – das antike Imperium Romanum – beschwor. Auf diese Weise konnte er viele seiner Landsleute für den Aufbau eines neuen Italien begeistern.

Vladimir Lenin war die führende Gestalt der Russischen Revolution von 1917 und wurde der Propaganda entsprechend auf Plakaten dargestellt.

Der sowjetische Diktator Josef Stalin trat die Nachfolge Lenins an und ließ seine Gegner erbarmungslos verfolgen.

Sowohl der russische als auch der italienische Staatsentwurf fand in den 1920er-Jahren in zahlreichen Ländern der Welt Anhänger. In einigen Staaten kam es daher zu entscheidenden politischen Veränderungen. Zentrale Bedeutung hatte dabei jenseits aller ideologischen Unterschiede die Idee, in den Ländern Gesellschaften zu etablieren, die agrarwirtschaftlich und industriell autark sind. In China beispielsweise spielte vor dem Hintergrund der jahrhundertelangen Isolation des Reichs die Unabhängigkeit von fremden Wirtschaftsmächten eine wichtige Rolle. Sie wurde letztlich von beiden Gruppen angestrebt, die nach der Beseitigung des Kaisertums im Rahmen von Aufständen im Jahre 1911 um die Macht in China kämpften: den Kommunisten und den Nationalisten des Guomindang. 1949 sollten die Kommunisten unter Mao Tse-tung (1893–1976) die Macht in China übernehmen und versuchen, die Autarkie des riesigen Landes zu gewährleisten.

Mao Tse-tung war der Anführer der kommunistischen Revolutionäre in China.

### Weimarer Republik und Zweiter Weltkrieg

In Deutschland griff Adolf Hitler (1889–1945) die Gedanken Mussolinis in doppelter Weise auf: Auch er hatte nach Kriegsende ganz auf nationalistische Propaganda gesetzt und war von den Aktionen der Italiener beeindruckt. Er erklärte es ebenfalls zu seinem großen Ziel, seinem Volk einen Raum zu schaffen, in dem es sich unabhängig von anderen Ländern und Wirtschaftsmächten entwickeln können sollte. Mit diesen Vorstellungen fand er in den 1920er-Jahren bei vielen Menschen begeisterte Aufnahme, die unter der in Deutschland herrschenden Massenarbeitslosigkeit und Not litten. Wegen der hohen Reparationszahlungen an die Siegermächte des Ersten Weltkriegs hatte die Reichsregierung unter anderem Geldnoten nachdrucken lassen und damit 1923 eine galoppierende Inflation ausgelöst. 1929 verschlechterte sich im Verlauf der Weltwirtschaftskrise die Lage in Deutschland dramatisch weiter, als nach Turbulenzen auf dem

US-amerikanischen Aktienmarkt weltweit Banken zusammenbrachen. Auch hier versprach Hitler Abhilfe.

Bei den Reichstagswahlen im September 1930 konnte Hitler mit seiner Nationalsozialistischen Deutschen Arbeiterpartei (NSDAP) erstmals große Stimmengewinne verzeichnen. Vor allem die Gewaltaktionen der paramilitärischen Parteiorganisationen SA (Sturmabteilung) und SS (Schutzstaffel) der NSDAP ließen damals viele Politiker zu Hitler auf Distanz gehen. Hitler gelang es jedoch, Reichspräsident Paul von Hindenburg davon zu überzeugen, ihn zum Reichskanzler einer rechtsnationalen Koalitionsregierung aus der NSDAP, der Deutschnationalen Volkspartei (DNVP) und dem »Stahlhelm«, dem militärischen Arm der DNVP zu ernennen. Als Hindenburg Hitler am 30. Januar 1933 als Reichskanzler vereidigte, hoffte er noch, dass Hitlers Macht durch dessen Koalitionspartner eingeschränkt werden könnte. Doch es sollte anders kommen. Mithilfe des Notstandsartikels (Nr. 48) der Weimarer Verfassung und unter dem Vorwand, »zum Schutz von Volk und Staat« zu handeln, bekamen Hitler und die NSDAP binnen kürzester Zeit freie Hand, ihre Interessen durchzusetzen. Bereits im März 1933 schaltete Hitler das Parlament und damit jegliche Opposition aus. Er etablierte eine Diktatur. Zusammen mit seiner Anhängerschaft entwickelte er ein Gewalt- und Überwachungssystem, das seine Gegner verfolgte und ausschaltete. Nach einigen Jahren der Vorbereitung, in denen er die Streitkräfte verstärkte und seine Ideologie in allen Bereichen des Reichs durchsetzte, ging er nach und nach daran, Gebiete in Osteuropa zu annektieren: 1938 Österreich und das Sudetenland, Anfang 1939 die übrige Tschechoslowakei. Als er am 1. September 1939 Polen angriff, traten Großbritannien und Frankreich in den Krieg ein. Der Zweite Weltkrieg nahm seinen Verlauf mit Kriegsschau-

Adolf Hitler auf einem der bekanntesten Propagandaplakate der Nationalsozialistischen Deutschen Arbeiterpartei (NSDAP).

plätzen zunächst in West- und Südeuropa und ab 1941 in Osteuropa, nachdem Hitler der Sowjetunion trotz abgeschlossenem Nichtangriffspakt den Krieg erklärte. Dabei verband sich sein Wille, im Osten Siedlungsraum zu schaffen, mit dem Hass auf Juden, die dort in großer Zahl lebten und die er mit Unterstützung seiner Anhänger, wie auch im übrigen Europa, buchstäblich ausrotten ließ.

Zwei andere Kriegsherde entstanden im Fernen Osten. Japan hatte dort 1937 China angegriffen und große Gebiete des Landes erobert. Für die weitere Kriegsführung benötigte Japan Öl als Treibstoff, den es aus dem damals niederländischen Indonesien bezog. Als die Vereinigten Staaten, die Niederlande und Großbritannien gemeinsam die Ölversorgung Japans einschränken wollten, griffen die Japaner am 7. Dezember 1941 den Marinestützpunkt der USA in Pearl Harbor an und provozierten so den Kriegseintritt der Vereinigten Staaten im Pazifik. Noch im selben Jahr traten die USA in Europa aktiv in den Krieg ein und unterstützten England und Frankreich gegen Deutschland und Italien.

Italien, Deutschland und Japan hatten auf lange Sicht angesichts der Übermacht ihrer Gegner keine Chance. Für Deutschland endete der Krieg am 8. Mai 1945 mit der bedingungslosen Kapitulation, nachdem englische, französische und US-amerikanische Truppen von Westen und Verbände der sowjetischen

Der überraschende Bombenangriff der Japaner auf die amerikanische Pazifikflotte in Pearl Harbor auf Hawai am 7. Dezember 1941 provozierte den Kriegseintritt der USA.

**Nationalsozialismus und Zweiter Weltkrieg**

**1933**
30. Januar: Reichspräsident Paul von Hindenburg ernennt Adolf Hitler zum Reichskanzler; 23. März: Ermächtigungsgesetz gibt Hitler das Recht, vier Jahre lang zu regieren und Gesetze zu erlassen, ohne den Reichstag zu befragen; Austritt des Deutschen Reichs aus dem Völkerbund
**1934**
Hitler wird nach Hindenburgs Tod (2. August) »Führer und Reichskanzler«
**1935**
Hitler verstößt mit der Einführung der allgemeinen Wehrpflicht bewusst gegen den Versailler Vertrag
**1936**
Oktober/November: Antikommunistische »Achse Berlin–Rom«, um die außenpolitische Isolation des Deutschen Reichs zu beseitigen; 25. November: Unterzeichnung des Antikominternpakts zwischen dem Deutschen Reich und Japan gegen die Kommunistische Internationale (Komintern)
**1938**
März: Besetzung Österreichs durch deutsche Truppen; 29./30. September: Unterzeichnung des Münchner Abkommens, das die Eingliederung des Sudetenlandes in das Deutsche Reich vorsieht
**1939**
März: Auflösung der Tschechoslowakei; August: Hitler schließt Nichtangriffspakt mit UdSSR; 1. September: Angriff der Deutschen auf Polen; daraufhin Kriegseintritt von Großbritannien und Frankreich
**1940**
Deutsche Truppen besetzen Dänemark und Norwegen; im Westfeldzug gegen Frankreich werden auch Luxemburg, Belgien und die Niederlande besetzt; Mai/Juni: Sieg über Frankreich; 10. Juni: Kriegseintritt Italiens mit Kriegserklärung gegen Großbritannien und Frankreich
**1941**
Deutsche Truppen besetzen Jugoslawien und Griechenland; 22. Juni: Angriff auf Russland; deutsche Truppen in Nordafrika zur Unterstützung Italiens; 7. Dezember: Angriff der Japaner auf Pearl Harbor; 8. Dezember: Kriegserklärung der USA und Großbritanniens an Japan
**1943**
31. Januar/2. Februar: Kapitulation deutscher Truppen in Stalingrad; 13. Mai: Kapitulation der »Heeresgruppe Afrika«; zunehmende Luftangriffe der Alliierten (v. a. USA und Großbritannien) auf deutsche Industriezentren und Städte; Partisanenkrieg in besetzten Gebieten
**1944**
6. Juni: Invasion der Alliierten (v. a. der USA) in der Normandie; 20. Juli: missglücktes Attentat auf Hitler durch Claus Schenk Graf von Stauffenberg
**1945**
28. April: Kapitulation deutscher Truppen in Italien; 30. April: Selbstmord Hitlers; 8. Mai: Bedingungslose Kapitulation Deutschlands; 6. August: Abwurf der ersten Atombombe von den USA auf Hiroshima; 9. August: Abwurf der zweiten Atombombe auf Nagasaki; 2. September: Kapitulation Japans

»Roten Armee« von Osten her auf das Gebiet des Reichs und bis nach Berlin vorgedrungen waren. Japan kapitulierte etwa drei Monate später. Die Vereinigten Staaten bezwangen das Inselreich mit dem Abwurf zweier Atombomben auf die Städte Hiroshima am 6. und Nagasaki am 9. August 1945.

Im Verlauf des Zweiten Weltkriegs kamen rund 60 Millionen Menschen ums Leben, das waren rund drei Prozent der damaligen Weltbevölkerung. Viele von ihnen waren Zivilisten – unter ihnen die aus Rassenhass in den Konzentrationslagern der Nationalsozialisten ermordeten über sechs Millionen europäischen Juden.

Nur etwa 200 000 Juden gelang während des Zweiten Weltkriegs von Europa aus die Flucht nach Palästina, in das Siedlungsgebiet der Juden aus alttestamentarischer Zeit. Das Land war nach dem Zusammenbruch des Osmanischen Reichs (1923) vom Völkerbund britischer Verwaltung unterstellt worden. Damals wurde es von dem britische Außenminister Arthur Balfour (1848–1930) den Juden als »nationale Heimstätte« in Aussicht gestellt, obwohl es sich weitgehend in der Hand arabischer Großgrundbesitzer befand. In der Hoffnung, eines Tages in dem biblischen »gelobten Land« einen eigenen Staat errichten zu können, begannen damals viele Juden, den Arabern Teile ihrer Besitzungen abzukaufen und das künftige Staatsterritorium auf diese Weise legal zu erwerben. Nach dem Zweiten Weltkrieg beschloss die UNO dann, das Land in ein jüdisches und ein arabisches Gebiet aufzuteilen, womit sich die Araber allerdings nicht einverstanden erklärten. Als nach dem Abzug der britischen Truppen David Ben Gurion 1947 den Staat Israel gründete, kam es zu gewaltsamen Auseinandersetzungen zwischen der ara-

Nach der »Selektion« an der Rampe des Vernichtungslagers Auschwitz führte der Weg für die Häftlinge entweder in die todbringenden Gaskammern oder endete in Zwangsarbeit.

bischen Bevölkerung und den in immer größeren Zahlen zuwandernden Juden. In Israel und seinen arabischen Nachbarstaaten schwelt seitdem ein ständiger Konflikt, der sich bis heute immer wieder in kürzeren Kriegen entlädt. Da bei beiden Konfliktparteien Rechtsansprüche und religiöse Motive aufs Engste miteinander verknüpft sind, ist die Lösung des Konflikts von so vielen Faktoren abhängig, dass sie bis heute nicht gefunden werden konnte.

### Der Kalte Krieg und die weitere Entwicklung

Nach dem Zweiten Weltkrieg wurden auf Initiative der USA verschiedene Organisationen gegründet, die eine stärkere politische und wirtschaftliche Verbindung zwischen den Ländern der Erde herstellen und damit künftige Kriege vermeiden helfen sollten. Doch trotz UNO (United Nations Organization), Welthandelsorganisation (WTO) und Internationalem Währungsfond (IWF) kam es zur Ausbildung zweier großer Machtblöcke, die sich feindlich gegenüberstanden. Aus ideologischen Gründen ging die Sowjetunion unter Stalin und seinen Nachfolgern zu den USA und ihren Verbündeten auf Distanz, von denen sich 1949 einige zudem in einem militärischen Verteidigungsbündnis, der NATO (North Atlantic Treaty Organization) zusammengeschlossen hatten. Daraufhin brachten die Sowjets mit ihrer militärischen Übermacht ihrerseits ein Bündnis von Staaten zusammen, die mit ihnen ideologisch auf einer Linie lagen – die später sogenannten Ostblockstaaten im europäischen Osten. Sie schlossen 1955 mit dem Warschauer Pakt einen eigenen militärischen Beistandspakt. Am augenfälligsten wurde die Konfrontation der beiden Machtblöcke in Deutschland, das nach dem Sieg der Alliierten – Großbritannien, Frankreich, USA und Sowjetunion – über Hitler in zwei Einflussbereiche geteilt wurde: den der westlichen Alliierten und den der Sowjetunion. Ab 1949 bestanden faktisch zwei deutsche Staaten: die Bundesrepublik Deutschland (BRD) und die eng an die Sowjetunion gebundene Deutsche Demokratische Republik (DDR). Ab August 1961 waren sie durch eine von DDR-Seite streng bewachte Grenze voneinander getrennt. Insbesondere die Mauer, die mitten durch Berlin verlief und den Westteil der Stadt isolierte, wurde zum Symbol der geteilten Welt.

Der Konflikt zwischen den beiden Systemen – der freien Kapitalwirtschaft im Westen und dem Kommunismus im Osten – wurde auf verschiedenen Ebenen ausgetragen. Immer ging es um die Überlegenheit des einen gegenüber dem anderen System, und das in erster Linie im Hinblick auf prestigeträchtige technische Leistungen: Bei der bemannten Raumfahrt beispielsweise war die Sowjetunion den USA im April 1961 um knapp einen Monat voraus; dafür gelang es den Amerikanern im Juli 1969 erstmals, Astronauten auf dem Mond landen zu lassen.

Eine besondere Bedeutung nahm in der Rivalität der beiden »Supermächte« die Militärtechnik ein, vor allem, seitdem es sowjetischen Physikern 1949 gelungen war, eine Atombombe zu bauen und damit auf diesem Gebiet mit den USA gleichzuziehen. In den 1960er-Jahren begann zwischen den beiden Mächten das atomare Wettrüsten, der sogenannte Kalte Krieg. Immer mehr und immer wirkungsmächtigere Massenvernichtungswaffen bedrohten die Menschen in den Ländern Mitteleuropas, die potenzielle Kriegsschauplätze waren. Die Menschen in den USA und in Westeuropa begannen sich damals dagegen zu wehren – die Friedensbewegung entstand.

Michail Gorbatschow war von März 1985 bis August 1991 Generalsekretär des Zentralkomitees der Kommunistischen Partei der Sowjetunion und von März 1990 bis Dezember 1991 Präsident der Sowjetunion.

Zu dem Ende der ideologischen und militärischen Frontstellung haben schließlich verschiedene Faktoren beigetragen. Ein wichtiger Grund waren in den 1970er-Jahren die schweren wirtschaftlichen Probleme in der Sowjetunion und den mit ihr verbündeten kommunistischen Staaten.

Eine unzureichende Getreideproduktion in den Ländern des Ostblocks konnte die Ernährung der Menschen nicht mehr sicherstellen. Importe aus dem Westen wurden notwendig, die mit Erdöl und Erdgas bezahlt wurden. Zunächst war das für den Osten ein lohnendes Geschäft, weil die Preise dafür in den 1970er-Jahren nachfragebedingt stark anstiegen. Als die Energiepreise zwischen 1984 und 1986 allerdings einbrachen, gerieten damit die sowjetischen Staatsfinanzen in eine Schieflage, die letztlich zum Zusammenbruch des kommunistischen Systems beigetragen hat.

Die Funktionstüchtigkeit des kommunistischen Systems wurde zu dieser Zeit bereits von der polnischen Gewerkschaft »Solidarność« infrage gestellt. Mit starkem Rückhalt seitens der katholischen Kirche und nicht zuletzt des ersten polnischen Papsts Johannes Paul II. (Pontifikat 1978–2005) trugen die Gewerkschaftsführer unter der Führung von Lech Wałęsa ab 1981 zum Zusammenbruch der kommunistischen Macht in Polen bei. Eine wichtige Rolle spielte auch der sowjetischen Staatspräsidenten Michail Gorbatschow (im Amt 1990–1991). Seine Politik des Umbaus (»Perestroika«) und der Offenheit (»Glasnost«) trug wesentlich dazu bei, dass das politische System in den Ostblockstaaten offen hinterfragt werden konnte. Das war ein wesentlicher Schritt auf dem Weg zur Auflösung des gesamten kommunistischen Machtblocks. Auf diese Weise kam es im Herbst 1989, kurz nach der 40-Jahrfeier der DDR, zu einer friedlichen Revolution in Ostdeutschland. Sie führte am 9. November 1989 zur Öffnung der symbolträchtigen Berliner Mauer und innerdeutschen Grenze. In der Folge führte dieser Umsturz zum weiteren Niedergang und schließlich zur Auflösung des Ostblocks.

Tausende klettern in der Nacht des 9. November 1989 unbehelligt von DDR-Grenzpolizisten auf die Berliner Mauer vor dem Brandenburger Tor.

Die Welt schien sich angesichts dessen auf eine Zeit des Friedens und der Versöhnung zuzubewegen. Doch der Schein trog, und neue Krisenherde taten sich auf. Die Einflussnahme vor allem der Vereinigten Staaten in der arabischen Welt führte bei radikalen Anhängern des Islam zu Ressentiments, die nicht zuletzt am 11. September 2001 zum Angriff einer Reihe von Terroristen auf das World Trade Center in New York und das Verteidigungsministerium der USA in Washington führten. Seither sind es vor allem sogenannte asymmetrische Kriege, die in der ganzen Welt zwischen religiösen Fanatikern und ihren Gegnern ausgetragen werden – Kriege, bei denen sich die Gegner nicht mehr direkt gegenüberstehen. Sie werden von kleinen Gruppen oder Einzelnen geführt, die mit ihren Aktionen ihren Gegner verunsichern und bewusst auch die Zivilbevölkerung terrorisieren wollen.

### Freiheit für die Kolonien

Mit der Neuordnung der Machtverhältnisse nach dem Ersten und nach dem Zweiten Weltkrieg wurden immer mehr Kolonien unabhängig. Das hatte verschiedene Gründe. Ein wichtiger Auslöser war, dass viele Kolonialmächte im Zweiten Weltkrieg ihre Soldaten aus den Kolonien rekrutiert hatten. So machten sie diese mit der Idee vertraut, Länder von Gewaltherrschaften zu befreien. Als die Soldaten in ihre Heimatländer zurückkehrten, nahmen sie den Befreiungsgedanken mit und konfrontierten die Kolonialmächte mit ihrer Position als Gewaltherrscher. Die im Namen der Freiheit der Kolonien vollzogenen Sabotageakte, Streiks und offenen Kampfhandlungen zermürbten die Kolonialmächte mit der Zeit. Zudem standen die mit der Gegenwehr verbundenen hohen Kosten bald in keinem Verhältnis mehr zu dem Nutzen, der aus den Kolonien zu ziehen war.

Dass die Befreiung einer Kolonie von ihren Kolonialherren auch auf gewaltlosem Weg möglich war, machte der Inder Mohandas Gandhi (1869–1948) deutlich, dem später der Name »Mahatma« (Große Seele) verliehen wurde. Er rief seine Landsleute dazu auf, mit den Briten nicht mehr zusammenzuarbeiten und keine britischen Waren mehr zu kaufen. Er und seine zahlreichen Anhänger haben mit ihren friedfertigen Aktionen wesentlich dazu beigetragen, dass Indien 1947 unabhängig wurde.

Mahatma Gandhi wurde weit über Indien hinaus zur Symbolfigur des gewaltfreien Widerstandes gegen die Kolonialmächte.

Von der Unabhängigkeit Indiens ging eine Signalwirkung für viele asiatische und afrikanische Kolonien aus, vor allem für diejenigen, die in der Zeit zwischen 1947 und 1975 unabhängig wurden. In Afrika entließ Portugal 1975 als letzte Kolonialmacht seine Kolonien Mosambik und Angola in die Unabhängigkeit. Als Länder der sogenannten Dritten Welt bildeten die ehemaligen Kolonien fortan den dritten Länderblock neben den Machtblöcken des Westens und den Ostblockstaaten. Dabei versuchten insbesondere in Zeiten des Kalten Kriegs die beiden Großmächte USA und Sowjetunion verschiedentlich, ihren Einfluss in bestimmten Regionen dieser Dritten Welt zu stärken und nahmen Einfluss auf die Regierungen der gerade unabhängig gewordenen Länder. Immer wieder haben sie in einzelnen Ländern auch militärisch eingegriffen. So haben beispielsweise die USA nach dem Rückzug der Franzosen aus ihrer ehemaligen Kolonie Vietnam Teile des Landes besetzt und schließlich von 1965 bis 1973 einen für alle Beteiligten äußerst verlustreichen und grausamen Krieg geführt. Die USA wollten damit verhindern, dass das Land unter kommunistischen Einfluss geriet und so ihren strategischen Interessen gegenüber dem kommunistischen China und generell ihrer beherrschenden Stellung im Pazifikraum gefährlich werden konnte.

## Neue Herausforderungen für die Menschheit

Zu Beginn des 21. Jahrhunderts zeichnet sich eine Reihe von Herausforderungen ab, die nicht mehr nur einzelne Staaten oder Völker betreffen, sondern die Menschheit insgesamt. Ein grundsätzliches Problem ist die wachsende Weltbevölkerung. Das schwindelerregende Wachstum der menschlichen Population in den letzten Jahrzehnten wird in weltgeschichtlicher Perspektive besonders deutlich. Für das Neolithikum haben Forscher die Weltbevölkerung auf etwa 100 Millionen Menschen berechnet, und für die Zeit um Christi Geburt auf etwa 300 Millionen. Diese Zahl hat sich bis zum Jahr 1700 verdoppelt. Anschließend wurden die Zeitabstände, in denen eine Verdoppelung der Weltbevölkerung stattfand, immer kürzer. Um 1850 lebten rund 1,2 Milliarden Menschen auf der Erde, nach weiteren 100 Jahren waren es 2,5 Milliarden und bereits 1985 war die Fünf-Milliarden-Marke erreicht. Die Zahl von sechs Milliarden Menschen wurde für das Jahr 2000 ermittelt, und bis zum Jahr 2050 wird eine abermalige Verdoppelung der Weltbevölkerung vorausgesagt. Die Schwierigkeiten, die diese Entwicklung nach sich ziehen wird, sind absehbar. Zwei der größten Probleme stellen bereits heute die ausreichende Ernährung und die Versorgung aller Menschen mit Trinkwasser dar. In Zukunft wird in diesen Zusammenhängen vor allem in den Entwicklungsländern Afrikas, aber auch in Mittel- und Südamerika mit sozialen Unruhen und Kriegen gerechnet. Zudem werden Wanderbewegungen, die bereits eingesetzt haben, stark zunehmen. Ein weiteres Problem stellt die flächendeckende medizinische Versorgung dar, die noch nicht einmal heute gewährleistet werden kann. In vielen Ländern Afrikas, in denen die Immunschwächekrankheit AIDS jährlich Hunderttausende von Opfern fordert, fehlt es an bezahlbaren Medikamenten.

Ein weiteres Problemfeld tut sich im Zusammenhang mit Energiereserven und dem kritischen Zustand der Umwelt auf. Forscher haben errechnet, dass der Vorrat an Erdöl nur noch wenige Jahrzehnte, der von Erdgas bis etwa zum Ende des laufenden Jahrhunderts reichen wird, wobei die Entwicklung der Motorisierung in Ländern wie China und Indien noch kaum berücksichtigt ist. Ebenso sind die Auswirkungen dieser Entwicklungen auf das Klima der Welt nur schwer absehbar. Angesichts dessen wird immer wieder der Ruf nach einer weiteren Nutzung der Kernenergie laut, deren Gefährlichkeit aber spätestens seit dem Unfall im Kernkraftwerk Tschernobyl am 26. April 1986 auch in der breiten Bevölkerung bekannt ist. In der Frage der Energieversorgung rücken angesichts dessen vermehrt die umweltschonenden sogenannten erneuerbaren Energien – vor allem Windenergie, Energie aus Wasserkraft und Sonnenenergie – in den Fokus des öffentlichen Interesses.

Mit die größte Herausforderung stellt schließlich die Tatsache dar, dass in allen miteinander vielfältig verzahnten Bereichen – Bevölkerungswachstum, Klima und Energie – in immer kürzeren Abständen ständig wachsende Probleme gleichzeitig gelöst werden müssen. Doch der Lauf der Weltgeschichte macht deutlich, dass die Menschen bisher aus allen noch so verzweifelten Situationen – verheerenden Kriegen, schweren Epidemien und Naturkatastrophen – einen Ausweg gefunden haben.

Selbst wenn die Welt heute mit zahlreichen Schwierigkeiten zu kämpfen hat, zeigt der Blick in die Geschichte, dass es auch Hoffnung für eine gute Zukunft gibt.

### Allgemeine Darstellungen und Überblickswerke

Christian, D.: Maps of Time. An Introduction to Big History, Berkeley, Los Angeles und London 2005

Demandt, A.: Kleine Weltgeschichte, Frankfurt a. M. 2007

Gombrich, E. H.: Eine kleine Weltgeschichte für junge Leser, Köln 2000

Heuß, A., G. Mann und A. Nitschke: Propyläen Weltgeschichte. Eine Universalgeschichte, 10 Bde., Berlin und Frankfurt a. M. 1960–1964

Kinder, H., und W. Hilgemann (Hg.): dtv-Atlas Weltgeschichte. Von den Anfängen bis zur Gegenwart, München 2006

Der Große Ploetz. Die Enzyklopädie der Weltgeschichte, Göttingen 2008

Roberts, J. M.: The New Penguin History of the World, London 2007

Robinson, J. A., und K. Wiegandt: Die Ursprünge der modernen Welt. Geschichte im wissenschaftlichen Vergleich, Frankfurt a. M. 2008

Sautter, U.: Die 101 wichtigsten Personen der Weltgeschichte, München 2006

### Die Geschichte der Welt: Fakten, Mythen und Visionen

Cohn, N.: Die Erwartung der Endzeit. Vom Ursprung der Apokalypse, Frankfurt a. M. 1997

Eliade, M.: Geschichte der religiösen Ideen, 4 Bde., Freiburg 1993

Sproul, B. C.: Schöpfungsmythen der östlichen Welt. München 1993

Sproul, B. C.: Schöpfungsmythen der westlichen Welt. München 1994

### Vor der Schwelle zur Geschichte

Facchini, F.: Die Ursprünge der Menschheit, Stuttgart 2006

Johanson, D., und B. Edgar: Lucy und ihre Kinder, München 2006

Trachsel, M.: Ur- und Frühgeschichte. Quellen, Methoden, Ziele, Stuttgart 2008

Uelsberg, G. (Hg.): Roots – Wurzeln der Menschheit, Mainz 2006

### Frühe Zivilisationen

Assmann, J.: Das kulturelle Gedächtnis. Schrift, Erinnerung und politische Identität in frühen Hochkulturen, München 2007

Cassin, E., und J. Bottéro: Die Altorientalischen Reiche, 3 Bde., Frankfurt a. M. 1993

Korn, W.: Mesopotamien – Wiege der Zivilisation. 6000 Jahre Hochkulturen an Euphrat und Tigris, Stuttgart 2004

Schlögl, H. A.: Das Alte Ägypten. Geschichte und Kultur von der Frühzeit bis zu Kleopatra, München 2006

### Der Orient und das Mittelmeer

Baykal, H.: Vom Perserreich zum Iran. 3000 Jahre Kultur und Geschichte, Stuttgart 2007

Clauss, M.: Das alte Israel. Geschichte, Gesellschaft, Kultur, München 2008

Kessler, R.: Sozialgeschichte des alten Israel. Eine Einführung, Darmstadt 2008

Soden, W. von: Der Alte Orient. Eine Einführung, Darmstadt 2006

### Die Welt der Griechen und der Römer

Bellen, H.: Grundzüge der römischen Geschichte, 3 Bde., Darmstadt 1995–2003

Gibbon, E.: Verfall und Untergang des römischen Imperiums, 6 Bde., München 2004

Maier, Ch.: Athen. Ein Neubeginn der Weltgeschichte, Berlin 2004

Dinzelbacher, P., und H. Werner: Europa in der Spätantike 300–600. Eine Kultur- und Mentalitätsgeschichte, Darmstadt 2007

### Die Grundlegung Europas

Borst, A.: Lebensformen im Mittelalter, Hamburg 2004

Gregorovius, F.: Geschichte der Stadt Rom im Mittelalter, 4 Bde., München 1988

Heimann, H.-D.: Einführung in die Geschichte des Mittelalters, Stuttgart 1997

Heinz, W.: Der Aufstieg des Christentums. Geschichte und Archäologie einer Weltreligion, Stuttgart 2005

### Die Vielfalt der Kulturen

Connah, G.: Unbekanntes Afrika. Archäologische Entdeckungen auf dem Schwarzen Kontinent, Stuttgart 2006

Nagel-Angermann, M.: Das alte China, Stuttgart 2007

Weiss, Walter M.: Islam. Ein Schnellkurs, Köln 2008

Wirth, P.: Grundzüge der byzantinischen Geschichte, Darmstadt 2006

### Neue Horizonte, neue Perspektiven

Blickle, P.: Die Reformation im Reich, Stuttgart 2000

Diwald, H.: Anspruch auf Mündigkeit um 1400–1555, Berlin 1998

Horwitz, T.: Es war nicht Kolumbus. Die wahren Entdecker der Neuen Welt, Hamburg 2008

Kunisch, J.: Absolutismus: Europäische Geschichte vom Westfälischen Frieden bis zur Krise des Ancien Regime, Stuttgart 1999

### Ansätze zur Neuordnung der Welt

Heideking, J., und Chr. Mauch: Geschichte der USA, Stuttgart 2008

Schieder, Th.: Staatensystem als Vormacht der Welt. 1848–1918, Berlin 1998

Shama, S.: Der Zaudernde Citoyen. Rückschritt u. Fortschritt in der Französischen Revolution, Berlin 1989

Weis, E.: Der Durchbruch des Bürgertums, 1776–1847, Berlin 1998

### Die große Beschleunigung

Aly, G. (Hg.): Die Verfolgung und Ermordung europäischer Juden durch das nationalsozialistische Deutschland 1933–1945, München 2008

Brown, A.: Aufstieg und Fall des Kommunismus, Berlin 2009

Gaddis, J. L.: Der Kalte Krieg. Eine neue Geschichte, München 2008

Haffner, S.: Von Bismarck zu Hitler. Ein Rückblick, München 2009

Hirschfeld, G. (Hg.): Enzyklopädie Erster Weltkrieg, Paderborn u. a. 2009

Jung, W.: Schnellkurs Nationalsozialismus, Köln 2008

Marcowitz, R.: Die Weimarer Republik 1929–1933, Darmstadt 2009

Münz, R., und A. F. Reiterer: Wie schnell wächst die Zahl der Menschen? Weltbevölkerung und weltweite Migration, Frankfurt a. M. 2007

Myrell, G. (Hg.): Auf den Spuren genialer Forscher und Erfinder, München 2009

Rosa, H.: Beschleunigung. Die Veränderung der Zeitstrukturen in der Moderne, Frankfurt a. M. 2005

Stiglitz, J.: Die Chancen der Globalisierung, München 2008

Stöver, B.: Der Kalte Krieg 1947–1991. Geschichte eines radikalen Zeitalters, München 2007

Townshend, Ch.: Terrorismus. Eine kurze Einführung, Ditzingen 2004

Wolffsohn, M.: Israel. Geschichte, Politik, Gesellschaft, Wirtschaft, 7. Aufl., Wiesbaden 2007

Abraham 63, 110
Aischa 112
Akbar 122–123
Alexander der Große 73, 77–78, 80–81
Alexander II. 160
Alexander VI. 143
Ali 111, 112
Amenophis IV. (Echnaton) 39, 43
Amerigo Vespucci 132
Aristoteles 12, 76
Ashoka 120, 121
Assurbanipal 65–66
Attila 90, 91, 92
Aurangzeb 121, 123

Babur 122
Balfour, Arthur 176
Belisar 92
Ben Gurion, David 176
Benedikt von Nursia 94, 107
Bonaparte, Napoleon 147, 148–151, 152
Buddha → Siddharta Gautama

Caboto, Giovanni 144
Caesar 85, 86, 87, 88
Caligula 87, 88
Calvin, Jean 136
Carnot, Lazare 148
Champollion, Jean-François 42
Cicero 86, 108
Colbert, Jean-Baptiste 138
Cook, James 157
Cortez, Hernán 128
Crassus 85

Darius I. 67–68
Darwin, Charles 15–17
David 62, 64
Demosthenes 76–77, 86
Descartes, René 141
Diaz, Bartolomeo 131
Domitian 88
Dschingis-Khan 122, 125, 126

Echnaton → Amenophis IV.
Eleonore von Aquitanien 105

Ferdinand II. 131
Franz Ferdinand 168, 170
Friedrich Barbarossa 101
Friedrich II. 102
Friedrich II. von Preußen 139–140
Friedrich Wilhelm 139–140

Gaius Gracchus 85, 87
Galilei, Galileo 12, 141
Gama, Vasco da 131
Gandhi, Mohandas 180–181
Gilgamesch 36–37
Gorbatschow, Michail 178–179
Gregor I. 94, 95
Gregor VII. 100, 104
Gregor IX. 102
Gutenberg, Johannes 134

Hadrian 87, 88
Hannibal 83, 87
Heinrich der Seefahrer 131
Heinrich der Löwe 101
Heinrich II. 105, 106, 107
Heinrich III. 106, 107
Heinrich IV. 100–101, 104
Helena 94
Hesiod 71
Hindenburg, Paul von 173, 175
Hitler, Adolf 173–175, 177
Homer 59, 71, 86
Honorius 91
Horaz 86
Hubble, Edwin 17
Hugo Capet 103, 105
Hutton, James 14

Isabella von Kastilien 131

Jahanghir 121, 123
Jesus von Nazareth 93–94, 111
Johann Ohneland 105–107
Johannes Paul II. 179

Kafka, Peter 19
Kalidasa 121
Kambyses 67, 68
Kant, Immanuel 140
Karl der Große 97–99
Karl IV. 103
Karl V. 135
Karl Martell 96, 98
Karlmann 96, 97, 98
Katharina die Große 160
Kepler, Johannes 12, 141
Kitchener, Lord Herbert 159
Kleopatra 79, 88
Kolumbus, Christoph 131, 132
Konfuzius (Meister Kung) 48, 50
Konstantin der Große 87, 89, 94, 114, 115, 116
Kopernikus, Nikolaus 12, 141
Kublai-Khan 126
Kyaxeres 66
Kyrill 116
Kyros 67, 68

Langton, Stephan 106
Lenin, Vladimir 171
Leo III. 98, 115
Lightfoot, John 13
Lincoln, Abraham 162
Locke, John 142
Ludwig das Kind 104
Ludwig VII. 105
Ludwig XIII. 137
Ludwig XIV. 138–139
Ludwig XVI. 146, 147, 148
Luther, Martin 134–135, 136

Magellan, Ferdinand 156
Mansa Musa 119
Mao Tse-tung 172
Marc Aurel 87, 88
Marcus Antonius 88
Marcus Portius Cato 86
Maria von Schottland 144
Marx, Karl 156, 171
Mazarin, Jules 137, 138
Mehmed II. 130
Menes I. 39
Method 116
Minos 56
Mohammed 110–113
Monroe, James 163
Morse, Samuel 164
Moses 63, 111
Mussolini, Benito 171, 172

Napoleon → Bonaparte
Narses 92
Nebukadnezar 62, 64, 66–67
Nelson, Horatio 147, 149, 151
Nero 87, 88
Nervas 88
Newton, Sir Isaac 14
Nofretete 39, 43

Octavian 87, 88
Odowakar 92
Otto der Große 100, 104
Otto III. 103, 104
Owen, Robert 156

Paulus 94, 95
Petrarca, Francesco 108
Petrus 95
Philipp II. August 105
Philipp II. von Makedonien 73, 77
Pippin II. 96, 97, 98
Pippin III. 98
Pitt, William 144
Platon 76
Pompejus 85, 87
Ptolemäus 78

Rhodes, Cecil 159
Richelieu, Armand-Jean du Plessis de 137, 138
Robert II. 104
Romulus Augustulus 87
Rousseau, Jean-Jacques 142

Saint-Simon, Henri de 156
Salomo 60, 62
Sargon I. 33, 37
Sargon II. 65
Saul 62, 64
Scheschonk 39
Schliemann, Heinrich 58
Shah Jahan 121, 123
Siddharta Gautama (Buddha) 47
Solon 74
Stalin, Josef 171, 177
Stephan II. 97
Steuben, Friedrich Wilhelm von 145
Sulla 85

Tasman, Abel 157
Theoderich 90, 91, 92
Theodosius 89, 94
Thutmosis III. 39, 43
Tiberius Gracchus 85, 87
Trajan 87, 88
Tutanchamun 39, 43

Usher, James 13

Vergil 86
Vladimir 116

Waldseemüller, Martin 132–133
Wałęsa, Lech 179
Washington, George 145
Watt, James 153
Wilhelm I. 104–105, 106, 107
Wilhelm II. 167, 170
Wright, Brüder 166
Wu-ti 124, 125
Wyclif, John 133

Xerxes I. 68

Zarathustra 68, 69
Zwingli, Huldreich 135, 136

Aachen 97, 98
Abbasiden 111, 113
Ablasshandel 134, 135
Absolutismus 137, 138-140
Achaier 58
Ackerbau 31, 32, 34, 36, 45, 73, 86, 118, 127
*Aeneis* 86, 87
Afar 20
Afghanistan 78, 160
Ägypten 8, 10, 31, 38-44, 53, 55, 62, 63, 65, 67, 68, 73, 78, 85, 88, 118, 130, 147, 149, 158
Ägypter 54, 62, 117
Aioler 70
Akkad 37
Alexandria 79
Altamira 29
Altsteinzeit (Paläolithikum) 20, 30
Amoriten 37
Amunkult 39, 43
Anatolien 31, 38, 53, 65, 130
Angola 181
Antigoniden 73, 79
Antiochia 116
Aryas 45, 46
Assyrer 62, 65-67
Athen 74, 75, 76, 77
Äthiopien 20, 117, 118
Äthiopier 118
Aufklärung 142, 145, 148, 152, 159
Augsburg 104
Augsburger Religionsfriede 134, 135
Australopithecus 20-21, 22
*Australopithecus afarensis 20,23*
Azteken 50, 127-128

Babylon 33, 38, 64, 66
Babylonisches Exil 62, 64
Babylonisches Reich 38, 67
Bastille 146-147
Bayern 100, 101
Befreiungskrieg (USA) 143-145
Benjamin 64
Berlin 175, 178
Berliner Mauer 179
Bern 136
Bibel 11, 13, 14, 15, 60, 63, 134
Bilderstreit 115
Bombay 158
Brasilien 143
Bretagne 29
Bronzezeit 20, 53
Buchdruck 133-134
Buddhismus 47, 48, 121, 125
Bulgaren 116
Bulgarien 116
Burgund 139
Byzanz → Konstantinopel

Cádiz 61
China 25, 33, 48-51, 53, 123-126, 131, 134, 157, 161, 172, 174, 181, 183
Chou 48, 49
Christen 12, 14, 93-95, 102, 104, 106, 116, 132-133
*Code civil* 149, 151
Codex Hammurabi 38
Cuzco 128, 129

Damaskus 111, 113
*Das Kapital* 156
*Declaration of rights* 140
Deutscher Bund 152
Dorer 70, 73
Dreißigjähriger Krieg 136-137
Düsseldorf 25

Eisenzeit 20, 53
Eiszeit 26
Elsass 139, 170
Energie 19, 77, 164
England 28, 29, 88, 104, 105, 106, 107, 139, 140, 141, 143, 144, 145, 149-151, 154, 155, 156, 160, 164, 167, 169, 174
Erster Weltkrieg 167-170, 171
Etrusker 81, 82
Evolution 16-17

Finnland 137, 160, 170
Franken 91, 96-99, 100, 113
Frankenreich 98
Frankfurt am Main 152
Frankreich 27, 28, 29, 90, 96, 99, 103, 105, 107, 136, 137, 138, 139, 140, 141, 143, 146-153, 154, 156, 159, 167, 169, 170, 173, 174, 175, 177
Französische Revolution 146-153
Friedensbewegung 178
Friesland 97

Gallien 85, 90, 91, 92, 95, 96
Gang nach Canossa 100-101
Genf 136, 171
Ghana 118
*Gilgamesch-Epos* 33, 36-37, 66
Goldene Bulle 103
Granada 132
Griechen 12, 56, 59, 60, 61, 68, 70-79, 83, 86,
Griechenland 56, 59, 68, 70-79, 84, 108, 175
Großbritannien 143, 151, 157, 159, 165, 167, 170, 173, 174, 175, 177
Guinea 26, 27
Gupta 120-121

Harappa 44
Harappa-Kultur 44-45, 46
Hebräer 62, 63
Hellenismus 77-79
Hethiter 38, 53, 62
Hieroglyphen 39, 42, 51, 118
Hinduismus 121
Hiroshima 175
*Homo erectus* 22, 23, 24
*Homo habilis* 21, 22, 23
*Homo sapiens* 19, 23-25, 28
*Homo sapiens neanderthalensis* 23, 25
*Homo sapiens sapiens* 23, 25, 30
Hugenottenkriege 136
Hunnen 89, 90-91, 92, 124, 125
Hyksos 39, 42, 43

Ikonoklasmus 116
*Ilias* 59, 71, 87
Imperialismus 156-161

Inder 45, 120, 121, 181
Indien 31, 44–48, 67, 73, 78, 113, 120–123, 121, 132, 144, 149, 157, 158, 160, 165, 181, 183
Industrialisierung 153–156
Inka 128–129
Investiturstreit 100, 104
Ionier 56, 70, 73
Irak 9, 31, 33
Iran 66, 67–69
Irland 27, 28, 29, 106, 107
Islam 110–113, 114, 115, 118, 121, 122, 123, 180
Israel 62–64, 65, 176, 177
Istanbul → Konstantinopel
Italien 28, 91, 97, 103, 107, 109, 147, 171, 172, 174, 175

Jäger 30–31
Japan 160, 170, 174, 175
Jerusalem 60, 62, 64, 68, 104
Juda 62, 64
Juden 12, 62, 64, 93, 174, 176–177
Jungsteinzeit (Neolithikum) 20, 30

Kalkutta 158
Kalter Krieg 177–180, 181
Kamerun 160
Kanaan (Palästina) 62–63
Kanada 143, 144
Kandahar 122
Kapetinger 103–105
Karolinger 96, 99, 100, 103, 104
Karthago 61, 80, 83, 84, 87
Kastenwesen 46
Kathiawar 44
Keilschrift 33, 35, 38
Klima 26–27, 117, 141, 183
Klosterbewegung 107–108
Knossos 55–56
Kolonialismus 156–161
Kolonialkrieg 143, 144–145
Kolonien 61, 73, 74, 76, 80, 81, 141–145, 158, 159, 161, 165, 167, 168, 170, 180–181
Kolumbien 163
Konstantinopel (Byzanz, Istanbul) 87, 89, 91, 92, 93, 95, 98, 114–116, 125, 130, 131, 133, 160
Konstanz 136
Konzil von Trient 136
Koran 110, 112
Korea 161
Korsika 83
Kosmos 8, 11, 12, 19, 141
Kreta 54–59, 116
Kreter 54–59
Kreuzzüge 101–102
Kuba 163
Kufa 111, 112

Langobarden 91, 92, 97
Lascaux 29
Latiner 81
Latium 82, 87
Libanon 60
Liverpool 154
Lyder 54

Madras 158
*Magna Carta* 106, 107
Mailand 89, 100
Mainz 98, 134
Makedonien 68, 73, 75, 77, 79
Makedonier 77
Mali 118
Manchester 154
Marathon 75
Maya 126–129
Meder 66–67, 68
Medina 110–112
Megalithkultur 28–29
Mekka 110–111, 119
Menschenrechte 145, 147, 161, 162
Merkantilismus 138, 154
Mesolithikum → Mittelsteinzeit
Mesopotamien (Irak) 8, 9, 10, 20, 33–38, 44, 48, 52, 53, 60, 126
Mexiko 51, 126, 127, 128
Minoer 57, 59
Mittelsteinzeit (Mesolithikum) 20
Modena 101
Mohenjo Daro 44
Mongolen 113, 122, 125, 126
Monroe-Doktrin 163
Montignac 29
Mosambik 181
Moses 63, 111
Moskau 150, 151, 160
Mykene 54–59

Nagasaki 175
Namibia 160
Neandertaler 24–25
Neapel 94, 107
Neolithikum → Jungsteinzeit
Nepal 47
New York 161, 180
Niederlande 136, 137, 139, 140, 141, 154, 158, 164, 170, 174, 175
Ninive 65, 66, 67
Nomaden 27, 30, 32, 128
Nordischer Krieg 160
Nordamerika 26, 27, 128, 143, 144, 145
Nubien 42–44, 67, 117, 118

*Odyssee* 71
Olmeken 51
Olympia 70
Olympische Spiele 70, 73
Omajaden 111, 113
Osmanen 115, 130
Österreich 130, 140, 147, 149, 151, 170, 172, 175
Österreich-Ungarn 154, 160, 159
Ostgoten 91, 92
Ostindien-Kompanie 157, 163
Ottonen 100, 104

Pakistan 45
Paläolithikum → Altsteinzeit
Paläontologie 18
Palästina → Kanaan
Panama 163
Papier 41, 125
Papyrus 41, 42
Paris 138, 143, 147, 151, 153
Pataliputra 120
Pavia 91, 93
Peloponnes 58, 70, 73
Peloponnesischer Krieg 73, 75

Pergament 79
Pergamon 73, 79
Persepolis 68, 73
Perser 67–69, 73, 74, 75, 78, 111, 113
Pharao 38–44
Phönizier 59–61, 71, 81, 83
Polen 103, 104, 173, 175, 179
Polis 72, 73
Portugal 143, 181
Prähominide 20, 21, 30
Preußen 139, 149–152
Ptolemäer 73, 78
Punische Kriege 83, 84, 87
Pyramiden 38, 39–41, 51, 127

*Raghuwamsa* 121
Ravenna 89, 92
Reconquista 132
Rheinbund 149, 151
*Rig-Veda* 46
Rom 80–89, 91, 92, 94, 95, 98, 100, 102, 104, 107, 108, 144, 160, 171
Römer 79–89, 97
Russland 150, 151, 160, 163, 167, 168, 170, 171, 175

Sabiner 81
Sachsen 100, 101
Sahara 25, 28, 117, 118
Salier 100, 104
Sammler 30–31
Sardinien 83
Schlacht von Bouvines 105–106
Schlacht bei Cannea 87
Schlacht von Cheironeia 73
Schlacht auf den Katalaunischen Feldern 90
Schlacht bei Marathon 75
Schlacht bei Tours und Poitiers 96, 98
Schlacht bei Waterloo 151
Schlacht bei Wien 130
Schöpfungsmythen 8–9
Schottland 136, 144
Schrift 18, 35, 36, 42, 45, 46, 50, 57, 59, 60, 63, 71, 116, 127, 133, 136
Schriftzeichen 18
Schwaben 100
Schweden 137, 151
Seeschlacht bei Actium 88
Seeschlacht bei Trafalgar 149–150, 151
Seleukiden 73, 79, 84
Serbien 168, 170
Sevilla 144
Shang 48, 49, 50
Sidon 60, 61
Sizilien 57, 74, 77, 80, 83, 87, 102
Sklaverei 86, 142, 162
Skythen 53, 66
Sowjetunion 174, 177, 178, 181
Spanien 29, 91, 92, 95, 132, 140, 143, 144, 150, 163
Spanischer Erbfolgekrieg 136
Sparta 73, 74, 76
St. Gallen 136
Staufer 100, 104
Stoiker 76, 86
Stonehenge 29
Straßburg 136
Südamerika 25, 31, 128–129, 143, 182
Sumer 35, 37
Sumerer 33, 35, 36, 37, 42
Sunniten 112, 113
Syrien 33, 38, 67, 78, 130

Tansania 21, 22, 23, 160
Teotihuacán 126
Theben 76
Timbuktu 118
Toledo 91
Troja 59, 71
Tschechoslowakei 173, 175
Turkestan 160
Tyros 60, 61

Unabhängigkeitserklärung 143, 145, 161
Ungarn 99, 103, 104, 130
Urknall 17, 18, 19
Uruk 36
USA → Vereinigte Staaten von Amerika

Vandalen 91, 92
Venedig 131
Verdun 169
Vereinigte Staaten von Amerika (USA) 143, 145, 161–163, 165, 166, 169, 170, 174, 175, 177, 178, 180, 181
Versailles 138, 143, 170
Vertrag von Versailles 170
Viehzucht 30, 31, 32, 36, 63, 73, 127
Vietnam 181
Völkerbund 171, 175, 176
Völkerschlacht bei Leipzig 150–151
Völkerwanderung 89, 90–93, 96, 124

Warschauer Pakt 177
Weltbevölkerung 176, 182
Werkzeug 18, 21, 24
Westgoten 91
Wien 130, 151
Wiener Kongress 151–152
Wittenberg 134, 135
Wormser Konkordat 101, 104

Zehn Gebote 63
Zeichenschrift 50
Zikkurat 34–35
Zimbabwe 119
Zürich 135, 136
Zweistromland → Mesopotamien
Zweiter Weltkrieg 172–177, 180
Zypern 53–54, 116

akg-images 105 (British Library), 139 oben (CDA/Guilemot), 124 (Suzanne Held), 74 (John Hios), 43 (Andrea Jemolo), 52, 71, 94 (E. Lessing), 157
Aus: Alexander von Humboldt. Netzwerke des Wissens, Bonn 1999/2000 148
Aus: Margaret Aston (Hg.): Panorama der Renaissance, Propyläen Verlag, Berlin 1996 131, 134, 135, 136
Aus: John Chinnery: Die Schätze Chinas. Kostbarkeiten aus dem Reich der Mitte, Tandem Verlag, o. O. 2008 126
Aus: Chronik des 20. Jahrhunderts, Chronik Verlag, Gütersloh/München 1994 166
Aus: Michel Delahoutre: Indien. Kunst und Architektur, Michael Imhof Verlag, Petersberg 2009 (Alberto Siliotti) 45
dpa picture alliance, Frankfurt/M. 29, 50, 63 (Joseph Martin), 82, 110, 125, 142, 146, 152, 161, 162, 171 oben, 171 unten, 172, 174, 178, 179
Aus: Fiorenzo Facchini: Die Ursprünge der Menschheit, Konrad Theiss Verlag, Stuttgart 2006 25
Aus: Futurismo & Futurismi, Fabbri Bompiani, Mailand 1986 165
Aus: Nikolai Grube (Hg.): Maya. Gottkönige im Regenwald, Tandem Verlag, o. O. 2006/07 51, 129 oben
Aus: Jan Gympel: Geschichte der Architektur. Von der Antike bis heute, Könemann, Köln 1996 75
Aus: Wolfgang Hug (Hg.): Geschichtliche Weltkunde, Bd. 2: Vom Zeitalter der Entdeckungen bis zum Ende des 19. Jahrhunderts, Verlag Moritz Diesterweg, Frankfurt/M. 1975 156
Aus: Donald Johanson und Edgar Blake: Lucy und ihre Kinder, Elsevier, München 2006 20
Aus: Eugen Kaier (Hg.): Grundzüge der Geschichte. Von 1890 bis zur Gegenwart, Verlag Moritz Diesterweg, Frankfurt/M. 1974 181
Aus: Pamela Kort und Max Hollein (Hg.): Darwin. Kunst und die Suche nach den Ursprüngen, Wienand Verlag, Köln 2009 16
Aus: Anna-Carola Krauße: Geschichte der Malerei. Von der Renaissance bis heute, Könemann, Köln 1995 154
laif/Hub 183
Aus: Timothy Laughton: Die Maya. Geschichte, Kunst und Mythen, Karl Müller Verlag, Köln 2004 127
Aus: Klaus-Dieter Lehmann (Hg.): Schätze der Weltkulturen in den Sammlungen der Stiftung Preußischer Kulturbesitz, Nicolai, Berlin 2000 21, 35
Neanderthal Museum, Mettmann 24
Aus: Schätze der Menschheit. Kulturdenkmäler und Naturparadiese unter dem Schutz der UNESCO Welterbekonvention, VS Verlagshaus, Stuttgart 2000 69, 117, 118, 119, 122, 129 unten, 145
Aus: Schnellkurs Architektur, Köln 2008 114
Aus: Schnellkurs Deutsche Geschichte, Köln 2009 140, 150 (Karte), 164, 167, 173, 176
Aus: Schnellkurs Deutsche Kunst, Köln 2009 139 unten
Aus: Schnellkurs Griechische Antike, Köln 1999 55, 60/61 (Karte), 70, 76, 78, 79, 80/81 (Karte), 109
Aus: Schnellkurs Mittelalter, Köln 2006 89 (Karte), 90, 95, 97, 98, 100, 101, 102, 108, 112/113 (Karte), 132, 135
Aus: Schnellkurs Weltwunder, Köln 2007 111, 153
Aus: Regine Schulz und Matthias Seidel (Hg.): Ägypten. Die Welt der Pharaonen, Könemann, Königswinter 2004 40, 41
Aus: Peter Strunk: Die AEG. Aufstieg und Niedergang einer Industrielegende, Nicolai, Berlin 1999 168
Aus: Rolf Toman (Hg.): Die Kunst des Barock. Architektur, Skulptur, Malerei, Könemann, Köln 1997 138
Aus: Monika und Udo Tworuschka: Als die Welt entstand ... Schöpfungsmythen der Völker und Kulturen in Wort und Bild, Herder, Freiburg i. Br. 2005 9, 10
Aus: Monika und Udo Tworuschka: Heilige Stätten. Die bedeutendsten Pilgerziele der Weltreligionen, Primus Verlag, Darmstadt 2004 47
Aus: Christoph Wetzel (Hg.): Belser Stilgeschichte, Bd. 1: Altertum, Belser, Stuttgart 1999 27, 28, 34, 37, 57, 58, 85, 88, 93
Aus: Alfried Wieczorek, Mamoun Fansa und Harald Meller (Hg.): Saladin und die Kreuzfahrer, Reiss-Engelhorn-Museen Mannheim, 2005/06 13